そして幻想の中国繁栄30年が終わる

誰も知らない「天安門事件」の呪縛

在米民主化運動リーダー
陳破空
Chen Pokong

高口康太［訳］

ビジネス社

はじめに
「あの出来事」を忘れてはならない本当の理由

中国では今年、2019年のように末尾が「9」の年は、さまざまな事件が起きた〝メモリアルイヤー〟となっている。ざっと振り返ってみよう。

1919年の五四運動。

第1次世界大戦後のパリ講和会議で、中国の要求が欧米列強に受け入れられなかったこと、逆に大日本帝国による「対華21カ条要求」[1]が受け入れられたことを発端として、中国全土にストライキやボイコットが広がった。これは、**中国人の民族意識を芽生えさせた画期**として評価されている。

1949年の中華人民共和国成立。

第2次世界大戦終結後も国共内戦が続いていたが、ここに中国共産党が支配する一党独

1. **対華21カ条要求**　第1次世界大戦中の1915年、日本は袁世凱率いる中華民国政府に対し、山東省のドイツ権益の継承や旅順・大連の租借期限の延長、南満州の権益拡大などを要求。大戦後に開かれた19年のパリ講和会議で中国は無効を訴えたものの、各国は日本の要求を容認。中国各地で要求撤回のデモ、ストライキが発生した。

裁の国家が成立してしまった。**中国人にとっては民主国家を建設する大きなチャンスが失われた年**であり、それから70年が過ぎた今、中国は世界で最も強力な独裁国家へと成長してしまっている。

1979年、米中国交正常化。

1970年代初頭から始まった米中国交回復の動きが、正式な国交が結ばれるという結果へとつながった。アメリカが旧ソ連との対抗から、中国を自らの陣営に引き込もうと考えたことが大きい。一時は成功したかに見えた米中国交正常化だが、今から振り返ればどうだっただろうか。**馬の鼻面にニンジンをぶら下げるようにして中国を誘導しようとしたわけだが、気づけばニンジンだけ取られてしまい、中国は今やアメリカを追い抜かんとする勢い**を見せている。

そして**1989年、天安門事件**が起きた。

開明派の胡耀邦《フーヤオバン》[2]元総書記の死をきっかけとして、政治改革を求める学生たちが北京市の天安門広場に集結。約1カ月にわたり続いた集会は6月4日、軍による弾圧という悲劇的な結末を迎える。**中国現代史上最大の民主化運動にして、最大の悲劇**である。

2. **胡耀邦（Hu Yaobang）** 1915〜1989。抗日軍政大学卒。第3代中国共産党中央委員会主席・初代中国共産党中央委員会総書記。言論の自由や若手の抜てきなど政治改革を推進したことで保守派の反感を買い、87年総書記解任。89年4月の死がきっかけとなり、天安門事件が発生した。

この多くの犠牲者を出した天安門事件から30年が過ぎた。広東《かんとん》省広州《こうしゅう》市に住む青年教師として、学生運動に深くかかわっていた私にとっては、どれほどの歳月が流れようとも忘れられない記憶だ。

だが、私のような人間は少数派だ。天安門事件以後、世界の先進国は中国に人権問題を改善するよう強く迫っていたが、ところが近年、その声は弱まっている。強大化する中国ににらまれたくないと忖度する国も増えてきた。

たとえ中国と対立するとしても、主題は人権問題とはならない。貿易摩擦や知的所有権をめぐり中国の経済覇権主義を批判するという、〝国益〟の防衛が主眼に置かれている。

天安門事件を忘れたのは外国の人だけではない。中国人もそうだ。

「1989年6月4日に中国で何が起きたか、知っていますか?」

数年前、あるジャーナリストが北京市で道行く若者たちにこう質問したところ、ほとんどの人がキョトンとした顔で「わからない」と答えたという。知っていたとしても、天安門で何らかの学生運動が起きたというぐらいの知識しかない。

もっとも事件当時、まだ生まれていなかった若者たちについては、しかたがない部分もあるだろう。中国共産党は事件について語ることを禁じ、報道を検閲し、ネットを封鎖することで、一般大衆の目から真相を隠してきたからだ。

ところが、**事件当時を生きていた人々、さらには運動に参加した私の同志たちですら、天安門事件を忘却**している。せいぜい、「若気の至りだった」と過去の思い出にすり変えているくらいだ。

私にとっては残念でならない現状だが、同時に認めなければならない現実でもある。私を含め中国の民主活動家は、天安門事件を無駄にしないため戦ってきた。中国の人権問題に対する国際社会の批判を追い風とし、政治改革が行われなければ、いつまた同じ〝非道〟が繰り返されるかわからないという危機感を共有し、天安門事件の犠牲が中国をよき方向へと導くことを信じて戦ってきた。

だが、現実は残酷だ。中国共産党の支配は揺らぐどころか、より強固なものに変わりつつある。したがって、中国共産党の支配が覆る可能性は現状低い。**中国にはさまざまな社会問題があり、人民は不満を抱えているが、中国共産党は「武力と言論弾圧」という〝ムチ〟と「経済成長」という〝アメ〟を使いこなし、強靱な政治体制を築いた**のだ。

同時にそれでも私は、いつか必ず中国は民主化すると確信している。私が生きている間に見ることはできないかもしれないが、中国共産党の強権支配はいつか必ず限界に達する。

そして中国人は覚醒し、勇気を振り絞って専制政治との戦いに臨むだろう。

そのとき、私は、私たち天安門世代の人間は、もう生きていないかもしれない。ならば、私たちの失敗を書き残し、後世の人々の教科書としてもらおう。本書の執筆は、そんな思いから始まった。

多くの仲間が命を落とした天安門事件と学生運動を「失敗だった」と総括することは忸怩《じく》たる思いであり、ついつい筆が重くなる。だが、**私たちがなぜ道を誤ったのかを客観的に書き残すことこそが、本当の意味で友の命を無駄にしないことにつながる**はずだ。

その意味で、本書は「鎮魂の書」でもある。友の、そして私たちの歩みが後世の中国人、そして圧政に苦しむ世界の人にとって、よき道しるべとなることを祈っている。

第1章

誰も見抜けなかった
天安門事件「失敗の本質」

第2章
世界中に〝悪〟が飛び火した「ポスト1989」の現実

第3章

周辺を静かに飲み込む差別、弾圧激化という「悪夢」

第4章

豊かになればなるほど生きづらくなる「逆説の未来」

おわりに

第1章

誰も見抜けなかった 天安門事件「失敗の本質」

１９８９年４月15日から運命の６月４日まで

「天安門事件」という言葉を知らない人はまずいないだろうが、ではどういう事件であったのか、詳細に説明できる人はそう多くないのではないか。30年という時間は長い。世界史に残る大事件とはいえ、記憶は風化する。

そこで、まず天安門事件についての通説的な理解について紹介しておこう。

１９８９年４月15日、胡耀邦元総書記が死去した。胡耀邦は１９８０年から１９８７年まで〝名目上〟中国共産党のトップにいた人物だ。〝名目上〟と、わざわざダブル・クォーテーションをつけたのは、その上に鄧小平《デンシャオピン》[1]をはじめとする元老たちがいて、隠然たる影響力を誇っていたためだ。

周知のとおり、中国では１９７８年から市場経済を導入する「改革開放政策」が始まった。**鄧小平が「改革の総設計師」と呼ばれているが、最前線で実務にあたった人物は胡耀邦だった**のである。

現在から振り返ると、中国は改革開放以降、一直線に市場経済導入に邁進したかに思えるが、当時のムードは決してそのようなものではない。市場経済導入により中国共産党の

1. 鄧小平（Deng Xiaoping） 1904〜1997。毛沢東の死後、第2世代の最高指導者となる。毛沢東時代に疲弊した国家再建に取り組み、「改革開放」政策を推進して「社会主義市場経済」の導入を図るなど、中国現代化の礎を築いた。

支配体制が危うくなると警戒する保守派は、党内で強力な勢力を保っていた。また、一般市民の間でも、いつか揺り戻しがあるのではと恐れる気持ちが残っていたのだ。

たとえばある国有工場では、民営化改革を行おうとしたところ、労働者が「資本主義の走狗《そうく》に断固反対」などの横断幕を出して対抗したこともあった。**改革開放が始まったあとでも、「資本主義の走狗」などという言葉が強烈な批判として機能していた**わけだ。

反発があっただけでなく、改革開放自体、最初からすべてが順調に進んだわけではない。物資不足や価格高騰、詐欺や劣悪商品の横行などさまざまな問題が一気に噴出した。成熟した資本主義社会ならば、こうした問題を抑止するための法律、制度、文化が整っているが、中国には何もない。混乱に陥るのは当然だろう。

問題が噴出するなか、批判は胡耀邦に向けられた。政治改革を要求する知識人や大学生に同情的だったこと、日本に接近しすぎたことなどを〝罪〟とされ、1987年1月に総書記を解任されてしまう。

本章の冒頭で述べたように、この胡耀邦が1989年4月15日、心筋梗塞で死亡した。まさに失意の死であった。これを契機として、学生を中心としたデモ、天安門広場前での座り込みが始まったのである。

当初は北京市から始まったムーブメントは、次第に中国全土に広がっていく。各地でデモや集会が開催されたほか、地方から北京へと駆けつける学生もいた。続く4月26日、中国共産党の機関紙『人民日報』に「旗幟鮮明《きしせんめい》に動乱に反対せよ」と題した社説が掲載される。鄧小平をトップとする共産党中央は、学生たちのデモを「動乱」と位置づけたのだ。さらに、5月17日には戒厳令が発令されるなど、事態は混迷の度合いを深めていく。

共産党中央の強硬姿勢を見た学生たちはさらに反発を強め、集会の参加者は雪だるま式に増えていった。なんと最大100万人を超える人々が北京市の中心、天安門広場を占拠したのだ。

そしてついに悲劇が起きる。6月3日の夜から4日未明にかけて、人民解放軍が北京市に突入。学生たちに共感した北京市民の抵抗もあり、多くの犠牲者が出る大惨事となった。**中国政府はいまだに正確な死者数を発表していないが、イギリスの外交文書では犠牲者の数は1万人と推定**されている。

平和主義的な抗議集会を続ける学生たちを装甲車で蹂躙した中国共産党の非道は、世界中に報道された。私を含め、運動にかかわったリーダーたちの多くは投獄され、のちに海外へと亡命。異国の地を拠点として、中国の民主化を目指す運動を展開した。

なぜ、中国共産党の統治は許されないのか?
その象徴が、まさにこの天安門事件だ。**老いた指導者の鶴の一声で、人々を虐殺する。そんな政権は決して許されてはならない。**こうして、天安門事件は中国民主化運動のシンボルとなったのである。

「中国と中国共産党は変わるはずだ」という〝幻想〟

さて、先に取り上げたのは、きわめて通説的な天安門事件の紹介だ。実際、事件へとつながる文脈はより深く、長いものであった。この真実の経緯について、私の経験を通じてお伝えしよう。

1983年、私は上海市の同済大学大学院に入学する。その2年ほど前から書物を通じて、社会主義と専制政治に対する疑念を抱き、民主化を望むようになっていた。そこで、上海市で同じ志を持つ仲間と議論をし、さらに思索を深めていったのだ。

社会的背景の変化もあった。改革開放政策が始まって7年、知識人や大学生の間では、中国の未来や政治改革について活発な議論が交わされる開放的な雰囲気が広がっていた。

そうした時代の空気にも後押しされ、私は1985年に上海市で民主化運動を始めたのである。

「専制は国を誤らせる、民主によって国を興そう」

「すべての人間は平等」

「自由、民主、平等」

　こうしたスローガンを書いた手書きのビラを大量につくり、上海中の大学でばらまいた。さらに、中国民主化運動のイデオローグとなった宇宙物理学者、方励之《ファンリージー》[2]教授の論文を壁新聞にまとめて広め、地下出版で配布するなどの活動を実施。同じ1985年の12月には、学生集会を起こそうと計画した。だが、この情報を察知した当局は警戒を強め、大学教員を通じて警告するなどの対策を講じられてしまう。

　当局は、ついには集会予定日としていた12月9日の前後を「交通安全活動週間」に指定し、街頭活動を一切禁じるという離れ業にまで出た。当局の厳しい対策を前に、私たちはまだときが熟していないと判断。集会開催の延期を決定した。

　その代わり、私たちは胡耀邦に書簡を送ることにした。

「政治改革がなければ経済改革はありえない。政治体制を変えなければ経済改革も皮相的なものに終わるだろう。我々大学生は腐敗を憎み、民主化を求めている。学生運動こそ政府の進歩を助ける力だ。たんに騒ぎを起こしているのではない」

2. 方励之（Fang Lizhi） 1936～2012。天体物理学者、民主活動家。当局に天安門事件の首謀者とされると家族でアメリカ大使館に保護を求め、90年イギリスへ出国。12年アメリカで死去。

こういった内容だった。かなりの長文になったので、私たちはこの書簡を「万言書《ばんげんしょ》」と呼んだ。「万言書」とは、古代中国の官僚が皇帝に送った長文の上奏文を指す。宋朝の名官僚、王安石《おうあんせき》は、万言書において政治改革の必要性を訴えたことで、取り立てられた。我々もまた同様に、中国を変えなければならないという思いを長文の手紙にぶつけたわけだ。

胡耀邦が、この「万言書」を読んだかどうかはわからないが、意外にも反応があった。翌1986年になると中国共産党中央宣伝部が、ふたりの官員を同済大学に派遣してきたのだ。私たちの意見を聞きたいのだという。

「ひょっとしたら我々の希望が届いて、本当の政治改革が始まるのではないか」

そんな淡い思いを胸に抱いて、私は官員たちに政治改革こそ改革開放の要だとの持論を説いたのである。

さて、ひとつ確認したい。ここまで書いてきたとおり、実は当時の私は専制打破と民主化の重要性を理解しながらも、中国共産党による統治を打破しようとまでは考えていなかった。すなわち、**国家の支配層を暴力的に打ち倒す「革命」ではなく、平和裏に変革が進む「改革」を志向していた**のだ。

せいぜい考えていたのは、漸進的に選挙を導入し、汚職官僚がいつまでも残れないようにする。人民が決定権を持つようにする。司法制度が公明正大かつ客観的に運用されるべきだ……くらいなもの。しかも、具体的にどのような手順で進めるべきかまで、深く検討していたわけではなかった。

ただし、これは何も私ひとりだけではない。**当時の知識人、学生たちで革命を考えていたものは、ほとんどいなかった**はずだ。「改革開放政策」が始まったことで、世の中がその名のとおり〝開放的〟になってきたため、「中国と中国共産党はきっと変わるはずだ」との〝幻想〟を皆、何となく抱いていたのだ。

つくづく不運な我が中華民族

翌1986年12月には、中国全土を揺るがす学生運動が起きた。いわゆる「八六学運」である。発端となったのは安徽《あんき》省合肥《がっぴ》市の中国科学技術大学だ。そこには前述の民主化運動のイデオローグ、方励之教授がいた。同大から人民代表（中華人民共和国の議会にあたる人民代表会議の議員）を選出するにあたり、方励之教授こそふさわしいと学生たちが街頭デモを行ったのだ。

ほぼ同時期に、上海でも事件が起きた。アメリカの男性デュオ、ジャン&ディーンが上海市の「万人《ワンレン》体育館」でコンサートを開いたときのことだ。聴衆に一緒に踊ろうと呼びかけたところ、その声に従ってステージに上がろうとした上海交通大学の学生を、警備員が殴りつけたのだ。

これに怒った学生たちは抗議のデモを計画した。当局は同大卒業生で当時上海市長だった江沢民《ジアンズーミン》[3]と学生たちとの対話をセッティングしデモを封じ込めようとしたが、この勢いが他の大学に波及。私の同済大学もその勢いに乗り、数千人もの学生が街頭デモに繰り出すなど、最大で7万人もの学生がデモ行進に参加した。周りを取り囲む市民も入れれば、デモ隊の人数はその数倍であっただろう。シーツに「席巻専制《シーチエンチュワンジー》」（専制政治を打ち倒す）と書かれた横断幕に、市民たちは歓呼の声を上げたのだった。

それにしても、1980年代の中国でアメリカ人歌手によるコンサートが開かれていたことに、驚いた人もいるのではないだろうか。改革開放後、中国ではさまざまな面での自由を求める動きが広がっていた。学生運動もそのひとつだし、音楽もそうだ。

この事件が起きた**1986年は、中国ロックのゴッドファーザーと呼ばれる崔健《ツイジエン》[4]がソロデビューし、名曲「一無所有《イーウースオヨウ》」を披露したことから、中国ロックの元年**と位置づけられている。「一無所有」は1989年の天安門事件で、学生たちの愛唱歌となった。民主を求める精神も、自由な音楽を求める精神も共通していたのだ。

3. 江沢民（Jiang Zemin） 1926〜。上海市委書記を経て89年に第3代総書記、第4代中央軍事委員会主席に就任。93年、第5代国家主席に就任した。鄧小平の死後は中国政界を牛耳るキングメーカーとして君臨した。習近平政権成立後は子飼いの部下が次々と失脚し、力が衰えている。

合肥市から始まったデモは上海市に飛び火し、その後も次々と他の都市へと展開されていく。１９８７年1月には、ついに天安門広場での集会も開催されるに至った。

この**中国の中心地における集会は、思わぬ波紋を呼んだ。胡耀邦総書記の失脚**だ。中国共産党中央顧問委員会が主催した民主生活会《ミンジューシェンフォフィ》[5]で、胡は激しく糾弾された。改革政策の失敗や日本との接近など、さまざまな問題が指摘されたが、最終的な引き金となったのは学生運動であることは間違いない。胡耀邦は学生たちに甘すぎる。鄧小平はそう考えて、後継者として任せるはずだった胡に見切りをつけたという。

学生運動によって、中国共産党のトップ（実際には鄧小平ら元老が、さらに上の座に君臨していたが、名目上は胡耀邦がトップだ）が解任に追い込まれる。一見、大成果のように思われたが、実はここに悲劇のタネがまかれていた。前にも説明したように、胡耀邦こそが開明派だったからだ。

もっとも、**私を含め当時の学生たちは、そこまで中国共産党中央の内情には通じていなかった。無論、誰が学生たちの味方で、誰が敵なのかなどわかるはずもない**。胡耀邦が解任されたとき、初めて私たちは総書記が我々の味方だったことに気がついた。だからこそ、１９８９年の胡の死に際し、人々は奮起したのだ。

胡の死去のタイミングもきわめて不運なものだった。そのわずか7カ月後の１９８９年

4. 崔健（Cui Jian） 1961〜。「中国ロックの父」と呼ばれる歌手。代表曲「一無所有」は大ヒットし、学生運動の参加者たちの愛唱歌となった。その影響力の大きさから暴動につながりかねないと、天安門事件後は一時期コンサートを禁止されるほどのカリスマ的存在だった。

11月にはベルリンの壁の崩壊があり、東欧革命へと連鎖していく。

もし胡耀邦の死が1年遅れていたならば……。

あのとき、もし胡耀邦の寿命があと1年、いやあと半年でも伸びていたならば、事態はまったく違ったものになっていただろう。**事件のわずか5カ月後には、ベルリンの壁崩壊から始まる東欧革命が発生。社会主義諸国は次々と崩壊し、1991年にはついにソ連が崩壊した**のだ。もしソ連崩壊後に学生運動が起きていたならば、いや、せめて東欧革命後だったならば、事態はまるで違っていただろう。

当時、世界の潮流は社会主義の崩壊へと傾いていた。そうした世界の流れがわかっていたうえで89年の民主化運動と直面していたならば、中国共産党も武力鎮圧という選択肢はとれなかった可能性が高い。党内の改革派も世界の潮流を〝カード〟にして、改革推進を説得するチャンスもあっただろう。そこまで一足飛びに行かなくとも、もっと時間を稼いでいれば、改革派は権力を固めるチャンスがあったはずだ。

思えば、中華民族は世界一不幸な民族ではないだろうか。胡耀邦の死は、あまりにも悪いタイミングだった。そのため、**ロシアも東ヨーロッパも共産党から解放されたというのに、中国だけが取り残されてしまった**のだから……。

5. 民主生活会　中国共産党幹部による内部会議。自己批判や互いの問題を指摘し合うことにより綱紀を粛正するためのもので、糾弾や吊し上げを通じて権力闘争の武器とされることも多かった。

事件は北京でだけ起きていたのではない

１９８９年に北京で何が起きたのかは前述のとおりだが、つけ加えるならば事件は天安門でだけ起こったわけではなかった。**「天安門事件」という悲劇で終わった一連の政治運動は「八九民主化運動」と呼ばれているが、これは中国の３００以上の都市で展開された、実に全国的な運動だった**のである。私は広東省広州市の運動をリードした、リーダーのひとりだった。

１９８７年、同済大学大学院を卒業した私は、広州市の中山大学に配属された。上海の学生運動界で名を馳せていた私が大学教員になれたのだから、当時の中国はやはり開放的な時代だったというべきだろう。今ならば政治思想が問題視されて、大学側も受け入れなかったはずだ。政治の中心である北京から遠く離れた広州に身を移すことになったが、むしろ辺境から中国を変える運動を起こせるのだと私は理想に燃えていた。

私の専門は管理学（マネジメント）だったが、授業以上に民主化の啓蒙に力を注いだ。**「北京愛国《ベイジンアイグゥオ》、上海出国《シャンハイチューグゥオ》、広州売国《グワンジョウマイグゥオ》」（北京人は国を愛し、上海人は移住し、広州人は国を売る）**というジョークがあるが、事実、商業都市・広州では政治に興味を持つ者はほとんどいない。皆がどう儲けるか、そればかりに夢中だった。大学生ですらそうだ。

「政治なんて興味ありません」

ある女子大生は私にこう言い放った。だが、私があきらめずに民主化の重要性を説き続けていると、次第に彼女は変わっていき、気がつけば広州学生運動の学生リーダーとなっていった。

民主化の思想は、いわば「小さな火種」のようなもの。私は上海から広州へとその火種を携えて運んだ、ひとりの旅人だったわけだ。もちろん、こうした旅人は私だけではない。言うなれば「小さな火種」は、80年代半ばの学生運動に身を投じた私たちの〝志の成果〟だった。こうして民主化の意思は、次第に中国全土へと広がっていったのだ。

もっとも当時の私たちは、そんな状況など知る由もなかった。現在のように、通信技術が発展していたわけではない。**知人同士の噂や伝聞で他都市の状況を知ることはあっても、具体的に連携するような動きはなかった。**

さて、中山大学赴任から1年が過ぎた1988年、私はひとりずつ大学生や知識人を説得し、民主化運動のグループをつくり上げることに成功した。次はこのグループで何をやるか、だ。中華人民共和国成立40周年、五四運動70周年という記念すべき年である

1989年に、広州市でデモを行おうと私は提案した。五四運動にちなんで5月4日を決行日とする。仲間たちも同意してくれた。

そこで、準備として始めたのが「文化サロン」だった。大学内で民主の価値と中国の未来について議論する集会を毎週、開催したのだ。最初は数える程度の参加者しかいなかったが、次第に傍聴者が増え、気がつけば大教室からあふれんばかりの人が集まった。

そんな最中、4月15日に胡耀邦が死去し、北京で学生運動が始まったという情報をキャッチする。**広州では香港のラジオ放送が受信できるため、北京の状況がすぐに伝わってきた**のだ。ちなみに他の地域では、ボイス・オブ・アメリカ（VOA）など海外の短波ラジオが主要な情報源である。

当初に予定した5月4日より早かったが、ことには時宜というものがある。広州でも前倒しで学生運動を始めることとなった。最大で十数万もの人々が街頭に集まる、大きな政治運動だ。しかも、広州だけではない。前に記したように中国全土、約300の都市に炎は燃え広がったのである。

そのなかには北京市へと駆けつける者もいれば、地方の運動を貫徹しようとする私のような者もいた。本当は私も北京に駆けつけたい気持ちもあったが、広州学生運動のイデオローグとして、私は大学当局に監視されていた。変なことをしでかさないように田舎への出張を命じられたり、学年主任が四六時中私にくっついてきて監視されたりと、身動きが取りづらい状態であったのも事実だ。

ただ、これだけは伝えておきたい。**事件は北京の天安門広場でだけ起こっていたのではない。あのとき、中国全土が民主化の熱気に包まれていたことは、忘れ去られるべきではない歴史的事実**だ。

中国だけが継承できなかったレガシーとは何か？

天安門事件についての通説的な理解、さらに80年代の学生運動という背景についてここまで紹介してきた。では30年が過ぎたいま、天安門事件をどのように評価することができるだろうか？

「平反六四《ピンファンリュースー》」

これは中国共産党に「天安門事件の再評価をせよ」と迫る、中国民主派のスローガンだ。

だが、この期待はしぼむ一方である。

「温家宝《ウェンジアバオ》[6]は開明派だ。彼ならばやってくれるのではないか」

6. 温家宝（Wen Jiabao） 1942〜。2003〜13年、第6代国務院総理（首相）。胡耀邦に抜擢され、86〜93年、中央弁公庁主任として趙紫陽、江沢民にも仕えた。

「習近平《シージンピン》[7]は改革派の大物である習仲勲《シージョンシュン》[8]の息子だ。きっと再評価に踏み切るはずだ」

これまで何度となく根拠がない噂が広がったが、それらはいずれもたんなる願望でしかなかった。その証左とも言えるのが、中国共産党によって編纂された『改革開放大事記』（中国財政経済出版社、2008年）、『改革開放四十年大事記』（人民出版社、2018年）だ。江沢民、胡錦濤《フーチンタオ》[9]、習近平と三代の総書記に仕える中国共産党の思想面におけるブレーン、王滬寧《ワンフーニン》[10]が編纂に携わっている。いわば中国共産党による「正史」である。

2008年の『改革開放大事記』では、天安門事件は「動乱」との評価だった。10年後の『改革開放四十年大事記』では「風波」（もめごと）と、事件を過小評価しようとする動きが強まっている。もちろん、天安門事件を正当に評価しようとする思いは、一切感じられない。さらに、とりわけ第4章にて詳述するが、一般の中国国民の間でも天安門事件の記憶は風化しつつある。

このように振り返ってみると、天安門事件の評価が見えてくる。以下に列記してみよう。

- **天安門事件は、中国史上最大の民主化運動だったが失敗した**
- **参加者は民主と自由、法治、反汚職をスローガンとして、心の底から国家の改革を希求していた**

7. 習近平（Xi Jinping） 1953〜。中華人民共和国の政治家、2012年より中国共産党第5代の最高指導者。父は八大元老のひとり、習仲勲（元国務院副総理）。

8. 習仲勲（Xi Zhongxun） 1913〜2002。八大元老のひとりで習近平の父。文革前の53年に副首相になるも62年に失脚。以後16年間身柄を拘束されたのち78年に復活。鄧小平による胡耀邦更迭にただひとり反対した。

・300以上の都市でデモや集会が行われ、2カ月にわたり運動は続いた
・どの都市でも数十万の学生、知識人、市民が集まった
・北京は最も多く、天安門広場には100万を超える人々が集まった
・まさに人類史上最大の民主化運動であった

だからこそ「失敗」が悔やまれる。

それは、たんに1989年に中国の政治体制変革に失敗したというだけではない。17世紀のイギリスの名誉革命、18世紀のアメリカの独立戦争、フランス革命、そして19世紀の日本の明治維新……。**成熟した民主主義を維持している国は、いずれも歴史的なレガシー（遺産）を持っている。**民族の歴史的財産として、独立と民主主義を勝ち取ったという歴史が、国を支える背骨となっているのだ。

本来ならば中華民族は、天安門事件をレガシーとして継承し続けなければならなかった。だが、あの惨劇から30年、中国では政治運動と呼べるほどのものは何ひとつ起きていない。海外に亡命した民主活動家たちの影響力も弱まる一方だ。

9. 胡錦濤（Hu Jintao） 1942〜。江沢民引退後の中国の最高指導者で、第4代総書記、第5代中国共産党中央軍事委員会主席、第6代国家主席、第3代国家中央軍事委員会主席を務めた。

淡い期待、そして誤解と勘違いが生んだ失敗

1989年の民主化運動が、なぜ失敗に終わったのか……。

いくつも理由があるが、最大の問題は前述のとおり、学生と知識人が共産党に〝淡い期待〟を抱いていたという点だろう。私たちは**専制政治の問題には気づいていたが、中国共産党への期待は失っていなかった。汚職官僚は多いが、本当に国民を思う幹部もいるはずだと考えていた**のだ。

言い訳ではないが、中華人民共和国という国で生まれ育った私たちに、国そのものを転覆させようとする革命思想は、なかなか芽生えなかったというのが正直なところだ。今から考えれば、この考えがどれだけ甘ちゃんだったか、悔やんでも悔やみきれない。

学生たちは、純粋に中国共産党が改革できると信じていた。彼らは、ある意味で政府を信じていたからこそ、天安門広場の占拠という平和的抗議活動に打って出た。そして、世界中の支持を集めていたこともあり、よもや政府が武力鎮圧を行うとは夢にも思っていなかったのだ。

もし事前に武力鎮圧を予測していたならば、学生たちも徹底的な対抗手段をとっていた

10. **王滬寧（Wang Huning）** 1955〜。上海復旦大学国際政治系法学修士。第18、19期中国共産党中央政治局委員、第19期中央政治局常務委員、中央書記処書記、中央精神文明建設指導委員会主任、中央政策研究室主任。江沢民、胡錦濤、習近平政権を理論面で支えたことから「三朝帝師」「中南海首席智囊」（中南海随一の知恵袋）の異名を持つ。

だろう。当時、天安門広場には100万もの人々が集まっていた。彼らを動員して革命に踏み切っていたならば、中南海（中国共産党の中枢がある北京の地区）を制圧するクーデターすら十分に可能だった。

それをしなかったのは、**中国共産党は最終的には自分たちの声を聞き入れてくれるという甘い見通しがあった**がゆえだ。

たとえクーデターを起こさなかったとしても、情勢が不利になる前に撤退するという判断もできたはずだ。そうすれば、天安門広場に100万人を集めるという一大イベントを実現したという実績をもって、中国共産党に強い圧力をかけることができただろうに。

武力闘争の恐ろしさもわかっていなかった。**天安門広場では男子学生が輪をつくり、そのなかに女子学生を入れていた。そうすれば女性たちを守れる、中国共産党の戦車も防げると思っていた**のだ。

当時、「中国共産党が武力鎮圧に乗り出したらどうするのだ？」と問われ、私は次のように答えた。

「もし銃弾1発でも放てば、中国共産党の天下は終焉する。軍が無辜《むこ》の民を傷つけるようなことがあれば、民衆は大団結し共産党を打ち倒すであろう」

いま考えると、本当にバカバカしい。私はこの短い答えのなかで、

「民主化運動は成功する」

「中国共産党が武力鎮圧することはない」

「万が一武力を行使すれば、共産党は倒れる」

と3つも間違いを犯していた。楽観的すぎたという責めは、私自身にも向けられてしかるべきだ。

いくつかの旧社会主義国で「和平演変《フーピンイエンピエン》」（平和的体制転換）が達成されたように、中国でもそうした変化が起きる可能性はあった。だが、そのためにはいざとなれば革命を辞さないという覚悟をもって、相手に匕首《あいくち》を突きつけるような覚悟が必要だ。そうなって初めて「革命を起こされるぐらいならば」と、統治者は政治体制改革という譲歩を差し出すだろう。**最初から「改革してほしいのだが……」というような、腰が引けた態度では成功は見込めるはずもなかった。**

戦車にひとり立ち向かった男の行方

むしろ腹が据わっていたのは、学生からバカにされていた一般市民たちだった。

若き学生たちがハンガーストライキを始めたにもかかわらず、中国共産党が何ら取り合おうとしなかったことが市民の怒りに火をつけた。中国の未来を担う若者たちに何という態度をとるのだ、という怒りだ。市民たちは「工人連合会」(労働者連合会)、「市民連合会」などの自発的組織を結成し、運動に参加した。

軍による武力鎮圧が始まったとき、最前線で戦ったのは実は市民だった。北京市への軍の入城を拒んでいたのも市民である。**市民たちは街を封鎖し、2週間にわたり軍を足止めしていた**のだ。

そして運命の6月4日、最終的に軍が市内に侵入すると、市民たちは最前線で戦った。丸1日に及ぶ戦闘で多くの死者が出た。中国政府の発表では死者数は300人だが、民間調査では数千人と見積もられている。あるいは、2017年末に機密解除されたイギリスの公文書では、死者数は少なくとも1万人に上ると推定されていた。そのほとんどは学生ではなく、市民だったのだ。

事件翌日、北京市街の道路や歩道は穴だらけになっていた。市民たちは路面を引っぺがして、軍に投石して戦ったのだ。北京市の東西を貫く幹線路「長安街」は、見る影もなかった。穴だらけの路面が続き、まるで戦争が起きたかのようだった。

しかも、市民たちが参加したのは北京市だけではない。中国全土で学生たちの抗議活動が展開され、市民たちが呼応した。北京市以上に多くの犠牲者を出した街はなかったが、それでも北京に次ぐ被害となった四川省成都市では、20人もの死者が出たと伝えられる。

　事件発生時の死者だけではない。事件後も多くの人々が迫害された。人民解放軍の戦車の前にたったひとりで立ちはだかった、あの伝説的な映像の主人公「タンクマン」もそのひとりだ。王維林《ワンウェイリィン》（一説には張為民《ジャンウェイミン》）という名で呼ばれる男性だが、事件から30年がたった今も行方不明のままだ。

　2年ほど前、香港メディアが無期懲役の判決を受けて刑務所におり、近く出所すると報じたが、いまだに確認はとれていない。そもそも、**中国政府は「タンクマン」について一度も言及したことがない**のだ。逃げ延びたのか、殺されたのか、いまだに懲役中なのか、すべては藪の中だ。

　民主化運動のリーダーたちについては逮捕や判決がすべて公表されているのに、彼に関してだけは公的発表がない。まるでミステリーだ。この勇敢な男性、**王維林もまた北京市民のひとり**であった。

　学生は〝甘ちゃん〟だった。私もそうだ。もっとも言い訳ではあるが、こうした幻想を抱くのはしかたがない部分もある。誰も流血など望んでいないし、自らが生まれ育った国に期待するのは当然の話ではないか。他国の革命を見ても、最初から参加者の覚悟が決まっていたことなどほとんどない。当初は幻想を抱いて統治者と交渉し、向こうの譲歩が引き出せないうちに〝覚悟〟が生まれ、革命へと向かう。そうした過程を踏むのが当然であり、最初からすべてを見通すことなど不可能だ。

むしろ、本当に悔やむべきは別の点にある。第一に学生運動は中国共産党の誰が味方で、誰が敵かを見分けられなかったことだ。1986年の運動で、本来ならば手を結べたはずの胡耀邦を失ったことはすでに述べた。その後を継いだ趙紫陽《ジャオズーヤン》[11]も改革派だったが、学生たちはそのことも理解できていなかった。運動が起きた当初、学生たちは共産党内の改革派と保守派の区別が、まったくついていなかったのである。

エリツィンになれなかった趙紫陽という悲劇

民主化運動もピークを迎えた1989年5月19日、趙紫陽は天安門広場を訪問。そして、ハンガーストライキを続ける学生たちの愛国精神をたたえ、「命を粗末にしてはならない」とハンストと集会の中止を促した。**学生たちは趙の言葉を受け入れなかったものの、このとき初めて、総書記の思いが学生たちと一緒にあることを知った**のだ。

実は訪問の2日前の5月17日、鄧小平は会議を開催し、すでに戒厳令の発令を決めてい

11. **趙紫陽（Zhao Ziyang）** 1919〜2005。武昌高等学校卒。80年より国務院総理（首相）、国家副主席、総書記などを歴任。89年の天安門事件で失脚し、05年に死去するまで軟禁生活を余儀なくされた。

た。趙紫陽は最後まで反対したが、鄧は「そうした甘い態度がこの事態を招いた」と一蹴する。つまり、**誰が敵で誰が味方なのか、学生たちが気づいたときにはもう手遅れだった。**

天安門広場訪問の翌日、鄧小平は趙紫陽の解任を決めた。正式な発表は天安門事件終結後になるが、これ以後、趙紫陽が表舞台に現れることはなかった。

私も、学生たちと同様の間違いを犯している。当時の私は趙紫陽には期待していなかった。86年には胡耀邦が善良で改革の意思があることは知っていた。その胡耀邦が消えた。後任者となった趙紫陽についてはどういう人物なのか、よく知らなかったというのが本当のところだ。詰め腹を切らされた胡耀邦のあとを継いだのだから、どうせ狡猾な権力主義者なのだろうくらいなもの。よもや「改革派」だとは、夢想だにしなかった。

ただ、それもいたしかたない。胡耀邦は自らに政治改革の意思があることを隠さなかった。その姿が表に現れていたからこそ、保守派から警戒され、引きずり下ろされたのだ。その点、趙紫陽はより慎重だった。改革の意思は静かに内に秘めていた。だから警戒されることはなかったが、学生たちにもその姿勢は理解されなかったのだ。

確かに、共産党内で足をすくわれなかった反面、学生にも理解されなかった。だが、もし1991年にソ連で起きた「8月クーデター」で、エリツィン元大統領が見せたように、自ら戦車にでも乗り「人民を守れ！」と叫んでいたならば……。その姿を見た学生たちは、趙を理解し、信頼できたかもしれない。今となっては、もう手遅れの後悔であるが。

しかも、趙紫陽だけではない。中国共産党のなかには、ほかにも学生たちにシンパシーを感じている改革派がいた。もし学生たちが敵と味方を見分けることができていたならば、改革派と共闘することができていたならば、事態はまったく異なっていただろう。改革派は広場に集まった100万人もの人々を交渉のカードとして、保守派に譲歩を迫ることくらいできたはずだ。

実際、改革派は何度も学生たちとコミュニケーションをとろうとしたが、学生たちは運動を辞めさせようとする圧力だと勘違いして要求をはねのけてしまった。ちなみに天安門事件後、中国共産党は党内の紀律引き締めを名目に改革派の排除に乗り出す。**この30年間、中国で大きな政治運動が起きなかったのは、皮肉にも事件をきっかけに改革派が一掃された、あるいはいたとしてもそれを公言できない状況が続いたことも大きい。**

中国共産党がつくり上げた〝偽り〟のリーダーたち

敵と味方を区別できなかったのは、天安門広場に集まった学生たちに組織がなかったこともつながっている。「学生たち」とひとくくりに表現しているが、その内実はさまざまだ。民主化を求める志操堅固な運動家に誘われてなんとなく参加した者や、よくわかっていないが空気に押されて参加した者などもいた。つまり、事前に組織化されていたわけではない、半ば「烏合の衆」だったのだ。

王丹《ワンダン》[12]、ウーアルカイシ[13]、柴玲《チャイリン》[14]といった学生リーダーは、確かにいた。中国当局は事件後、21名の参加者を指名手配した。いわば中国共産党公認のリーダー格だ。だが、この21名にしても、実は運動に対してさほど影響力を持っていなかったり、偶然リーダーとなったりした者も多い。

王丹は北京大学で民主サロンを主催し、民主化運動に携わっていた人物だ。また、民主化運動のイデオローグである方励之とも親交があった。**天安門での集会が始まる前から民主化運動にかかわっていたが、〝学生肌〟というのか、運動をリードするような胆力を持ち合わせていないうえ、口は達者だが行動力がない。**

たとえば、2017年にはこんなエピソードがあった。ノーベル平和賞受賞者、劉暁波《リウシャオボー》[15]の死を受け、ニューヨーク市で追悼集会が開催されたときのこと。席上、王は劉の死因を究明して国際社会に示すと大言壮語したが、今に至るまで実現されていない。「口だけなのは、いつまでたっても、変わっていないな」とあきれてしまった。

劉の遺体は中国共産党により火葬されてしまった。治療記録も機密扱いだ。究明など簡

12. 王丹（Wang Dan） 1969〜。民主活動家。89年、北京大学1年生のとき、天安門事件の学生指導者となる。2017年、8年間暮らした台湾を離れワシントンへと拠点を移す。
13. ウーアルカイシ 1968〜。天安門事件の学生指導者で民主活動家。ウイグル族。事件時、北京師範大学に在籍しており、劉暁波は指導教官のひとり。ハーバード大学で学んだのち、現在は台北在住。

単にできることではない。その場の思いつきで約束をしてみせても、何も実行できないのだ。天安門事件後、投獄や亡命という不幸な経歴をたどったとはいえ、学生時代から何ら変わっていない姿を残念に思う。

いまでも王に敬意を払う民主活動家は多いが、それというのも中国共産党による指名手配名簿の〝第1位〟になったからというのが最大の理由だろう。**運動での最大のリーダーと見なされることが多い王だが、それは彼が指導力を発揮したからではない。中国共産党がリストの1位としたから、彼がトップだったかのように扱われているだけ**なのだ。**リスト2位はウーアルカイシだが、彼は天安門での集会が始まるまで民主化運動にかかわったことはない**。ところが、4月21日になると突然、北京師範大学学生自治会、北京市臨時学生連合会の設立を宣言して、自ら主席となった。彼はウイグル族で見栄えのいい容姿をしていたし、外交的で目立つことが好きだった。

集会に参加しては、「我はウーアルカイシなり!」と大声で叫んで自らをアピールし、名を上げていった。押しの強さだけで、学生たちのリーダー格にのし上がっていったというわけだ。しかし次第にその態度が疎まれて、学生たちの間で影響力を失っていく。

ただし、中国共産党との交渉やメディアの取材には積極的に応じ、リーダー然として振る舞っていた。だから、多くの人が彼を重要な指導者のひとりだと勘違いしたのだ。現在

14. 柴玲(Chai Ling) 1966〜。天安門事件の学生指導者。ハンガー・ストライキを発起したひとりでもある。90年、香港を経由して中国から脱出。同じ学生指導者と離婚後、アメリカ人と再婚し、現在は夫と共同で会社を経営している。

は台湾に住んでおり、ときおりパフォーマンス的に中国の民主化を訴えたり、台湾の立法院（国会）選挙に立候補したりしているが、あえなく落選していることからもわかるように、まったく人望がないというのが本当のところだろう。

リスト3位の柴玲の事情は、より〝喜劇的〟だ。

当時、彼女は北京師範大学の大学院生で、封従徳《フォンツォンダー》[16]という大学院生と結婚していた。**ウーアルカイシと同じく、もともと民主化運動にはまったく興味はなかった**という。事件当時、夫の封は北京大学リモートセンシング技術応用研究所で研究していたが、広場での集会が始まって数日後、封のコンピューターが壊れて仕事ができなくなってしまった。そこで**「ヒマだし、集会にでも行ってみるか」と柴を誘ったのが、参加した発端**だという。

美貌の持ち主で、コミュニケーション能力に長けた柴はすぐにリーダー格となり、北京市の各大学学生自治会を取りまとめる北京市高等学校自治聯合会のトップ、天安門での集会を組織する保衛天安門広場指揮部総指揮という肩書きを手にすることになる。夫の封も保衛天安門広場指揮部副総指揮となった。

天安門事件後、海外に亡命したが、柴と封はすぐに離婚する。柴が学生リーダーのひとり、李禄《リールー》[17]といい関係になったことから夫婦仲に亀裂が入ったのだとか。ちなみにこの李禄だが、一度はアメリカに亡命したが、のちに資本家として成功。いまでは世界的な大富豪

15. 劉暁波（Liu Xiaobo） 1955～2017。作家、元北京師範大学文学部講師。民主化運動など広範な人権活動に参加し、たびたび投獄された。10年ノーベル平和賞を受賞、17年6月、遼寧省監獄管理局は末期の肝臓がんだと発表。翌月に死亡した。

として、中国共産党とも付き合っている。

理想を失って個人的成功の追求へと転じる……。これもまた、天安門の集会に参加した人々の、その後を映し出すひとつの典型といえるかもしれない。離婚後、柴は李禄ではなく別のアメリカ人と結婚した。現在、夫の会社を一緒に経営している他、キリスト教徒として布教活動にいそしむ日々だという。

1995年のアメリカのドキュメンタリー映画「天安門」(The Gate of Heavenly Peace)で、**柴は「天安門で流血が起きれば中国人は覚醒するだろう」と発言する一方で、「私は生き延びたい」と述べていた**ことが取り上げられた。柴はそうした発言はなかったと否定しているが、当然、非難の声を浴び、以後は公の場で中国民主化運動について発言することはほぼなくなってしまった。

運動を突き動かした「エゴ」と「恋愛」

これら**3人の〝リーダー〟の物語を見ても、天安門の集会はいかに組織化がされておらず、混乱したものだったかがわかるのではなかろうか。そこには、成熟していない若者た**

16. **封従徳(Feng Congde)** 1966〜。柴玲の元夫にして、天安門事件の学生指導者。事件後、フランスの高等研究実習院で宗教史を学び博士号を取得する。天安門事件に関するウェブサイト「六四档案」を運営するなど、中国民主化に関する発言を続けている。現在は米サンフランシスコ在住。

ちの「熱血」と「理想」があるだけだった。王丹のように、もともと民主化運動にかかわっていた学生には指導力がなく、あとから入ってきた声が大きく、コミュニケーションに長けた人々が運動を主導するようになったが、彼らには取り立てて理想も目標もないのだから、組織をまとめられるはずがない。

民主、自由、法治、平等。こうした大きなスローガンでは意見は一致したが、具体的な方針では何も意見がまとまらなかった。学生リーダーたちは自分だけが賢いと思い、他者を尊重しなかった。こうして主導権争いが起き、何も決められないまま時間ばかりが過ぎていったのだ。

天安門広場の集会は世界史上最大の民主化運動であり、規模は壮大だった。参加した若者たちは純粋で、善良で、理想に燃えていた。だが、リーダーには経験も資質もなかった。運動を組織化するリーダーシップもノウハウもなかったのだ。

ただし、組織力の欠如、この責めからは私も逃れることはできない。同志を集め、毎週サロンを開催するなど下地づくりをしたつもりだったが、最終的には運動を制御できなかった。

というのも、ひとたび運動が盛り上がりを見せると、次から次へと参加者が増えてくる。それまで一度も顔を合わせたことがない者が大多数だ。しかも、たんに参加するわけでは

17. 李禄（Li Lu） 1966〜。天安門事件の学生指導者。アメリカに亡命後、投資家ウォーレン・バフェットの講演に感激して投資家の道に進み、ヒマラヤキャピタルを創業。ウォーレン・バフェットによる中国EV大手BYDへの投資を仲介するなど、中国でのビジネスを積極的に展開している。

なく、我こそは真のリーダーなりという態度であれやこれや注文をつけてくる。

もちろん、自発的な参加者は大歓迎だったが、エゴむき出しで運動を乗っ取ろうとする人間の多さに疲れ果ててしまった。**北京のウーアルカイシや柴玲と同じような人々が広州にもいた**というわけだ。こうして運動は瞬く間に派閥争い、内部対立の嵐となった。ブレーン的立ち位置にいた私もコントロールできなくなった。

運動が始まってから後追いの参加者が続出するのは、世界共通の現象ではないか。平時に民主化運動に関係すれば、大学当局や治安当局に目をつけられるという心配があるが、何万人、何十万人が参加しているタイミングならば恐怖感はない。日本には「赤信号、みんなで渡れば怖くない」という言葉があると教えてもらったが、言い得て妙だと感心させられた。

また**時代の雰囲気というか、一種の〝流行〟という一面もあった。別に民主主義を重要だと思っていない人物でも、皆が参加するはやりのもの、ビッグウェーブには乗るしかないと思った**わけだ。デート気分で参加した柴玲など、その典型だ。

そして見逃せないのは、**運動は楽しい**という点だ。若者たちが集まってひとつのことを成し遂げる。それだけでも十分楽しいうえ、「国を憂えて立ち上がった愛国者」として褒めたたえられることで、自らの虚栄心も満足させられる。

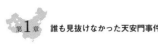

さらに女性の参加者も少なくなかったので、異性と仲よくできるチャンスでもある。**実際、学生運動の最中に誕生したカップルも少なくなかった。天安門広場では、その場で結婚を宣言したカップルもいた**ほどだ。

１９８９年当時の私は教師という身分であり、〝楽しさ〟に飲み込まれることはなかった。だが、大学院生時代に参加した１９８６年の学生運動では非日常に浮かれていた。まるで大規模な学園祭だ。爆発的なエネルギーを発散できる祝祭空間に私は酔いしれた。

ただし、こうした祝祭はいつまでも長続きするものではない。すぐにエネルギーを使い果たしてしまうからだ。１９８６年の上海市の運動では、２週間程度で皆、エネルギーを発散し尽くした。ちょうど期末試験が行われるというタイミングでもあったので、学生たちは街頭運動をやめて教室に戻っていった。

実際のところ、１９８９年の民主化運動も似たようなもの。時間がもう少したてば、若者たちのエネルギーは尽きただろう。学生たちは暴力革命を起こすつもりなどなかったので、当局は「遊び疲れ」を待っていればよかったのだ。つまり、**鄧小平が「流血を恐れず」と短気を起こさなければ、あの惨事はなかった。**鄧は当時85歳。若者たちの心情もわからなかったし、自らの健康に不安があったため心配の種は潰したかったのだろう。とまれ、不必要な武力鎮圧であったことは間違いない。

中年に差し掛かった知識人たちの「及び腰」

さて、流行だから、楽しいからという理由で学生が参加したというと、「天安門事件は崇高なものと思っていたのにがっかりだ」と思われた方もいるかもしれない。だが、理解してほしいのだが、革命とは、政治運動とは、そういうものなのだ。

非日常の祝祭空間に浮き立って人々が集まる。恐怖心、孤独感や日常から解放されて、権威に立ち向かう。普通の心情ではなかなかできないことで、心の縛りを解き放つきっかけが必要だ。成功する運動は、そうしたドタバタとした非日常が拡大しつつ、同時に組織化されて政権打倒へと向かっていく。

一方で、失敗する運動はエネルギーを拡散し終えて、そのまま終了する。

だから、1989年の運動が楽しさで彩られていたこと、異性と仲よくできるチャンスという小さな喜びが動力のひとつになっていたことは、何も恥じることではない。**恥じるべきはそうしたチャンスを成功へと結びつけられなかったリーダーの能力不足であり、学生たちをサポートできなかった私たち大人、知識人の力不足**だ。

そう、経験不足の学生をサポートするのはまさに知識人の役目だが、そうした人物も現れなかった。民主化運動に関与した知識人は教師や作家、記者などだ。ただし、彼らの働きは期待に応えたというレベルからはほど遠い。参加し発言したとはいえ、運動の最前線に立ちリードしたわけではなかった。

では、未成熟で経験のない学生たちによって、運動はさまざまな混乱を招いたのに、なぜ知識人は積極的にかかわらなかったのか。無鉄砲で熱血の理想を掲げる学生たちと違って、**中年を迎えた知識人には守るべき家庭がある。あるいは、黒幕として弾圧されることを恐れた**のだ。

実は、**イデオローグの方励之でさえそうだ。非常に影響力があった人物であったにもかかわらず、運動が起きると家に引きこもり、デモに参加しなかった。**

なぜか？

自分を守りたい、黒幕とされたくないという思いがあったのだ。方励之は事件後、アメリカ大使館に逃げ込み、翌年には亡命している。運動に参加してないのだから、逃げる必要などなかったはずだが……。このように、知識人のサポートが足りなかったことも、運動が成功しなかった理由のひとつだろう。

もちろん、なかにはしっかりと役割を果たした知識人もいる。ノーベル平和賞受賞者の劉暁波を筆頭に、学生たちと広場を守った知識人もいた。学生の意思を尊重し、組織の決定に影響力を振るうことはなかったが、民主の意味の啓蒙など思想面でのバックアップの役割を果たした。武力鎮圧直前には平和的撤退を促し、多くの学生の命を守った知識人もいたのだ。念のため、付記しておきたい。

いまだに続く儒教的エリート意識という呪縛

学生運動の問題点は判断力、組織力の欠如だけではない。もうひとつ、きわめて根が深い問題がある。それは**市民との連携の欠如**だ。

実は学生のなかには、市民のデモ参加を拒んだ者までいたほどだ。その背景にはまず、学生運動の純潔性を保てば、中国共産党は武力鎮圧を行わないとの計算もあった。市民が参加すれば、学生運動の枠組みを超えてしまい、鎮圧の口実を与えてしまう。

だが、それ以上に大きかったのが大学生の「エリート意識」だろう。中国では前近代から、「科挙《かきょ》」という実力テストによって官僚を選抜する制度があった。科挙に合格した者は「士大夫《したいふ》」と呼ばれ、一般市民とは異なり、学問も徳も卓越した存在と見なされた。逆に士大夫から見れば、一般市民は「愚民」、つまり何も知らない人々、あるいは士大夫によって善導されるべき無垢な存在となる。

こうした儒教的伝統は、打破すべき封建主義として中国共産党によって排除の対象となったのだが、2000年間続いた儒教帝国によって培われた民族性は、一朝一夕で変わるものではない。文化大革命[18]で長期にわたり大学入試が停止した期間があったことも拍車をかけ、大学生はきわめて希少な社会的エリートと見なされていた。

そして**大学生たちも、自らを一般市民とは異なるエリートと自認していたのだ。社会を担うという自負があったからこそ、国を憂えて民主化運動に身を投じたわけだが、一方で一般市民を軽んじ、小バカにしていたことも否めない**。

こうした自らをエリートだと誇りに思う、肥大化したエゴと虚栄心は、別の問題をもたらした。それは学生内部での仲間割れだ。

「オレのほうがあいつより賢いのだ」「オレの言うことをみんなが聞くべきだ」「頭のいいオレが有名になるべきなのだ」「オレが未来の中国をリードするのだ」……。

この「オレが、オレが」というお山の大将意識が、さまざまな問題をもたらす。たとえば**スローガンひとつ決めるにしても、細かい語句にこだわって議論になったり、内心では正しい意見だと思っても、気にくわない人間の発案ならば反対したりと、内輪もめを繰り返していた**のだ。

ちなみに第2章で詳しく説明するように、天安門事件にかかわった者の多くが海外に亡

18. 文化大革命　中国で1966～76年まで続いた社会的騒乱。実際は国家主席の地位を劉少奇に譲った毛沢東が自身の復権を画策し、青少年を扇動して政敵を攻撃させ、失脚に追い込むための中国共産党の権力闘争であった。

命して、民主化運動を続けているが、ここに至ってもなお同じ過ちを繰り返している。大学生時代の子どもじみた虚栄心を、いまだに引きずっているのには辟易させられる。エリート意識や虚栄心が障害になるという問題は、どの国の学生運動にも同様に見受けられるが、中国の場合は突出していると言わざるを得ない。

問題の本質は〝小共産党〟と〝小毛沢東〟との戦い

それにしても、1949年の中華人民共和国成立以来、中国共産党は儒教的伝統の打破に努めてきた。なのになぜ、人々の頭のなかからいつまでたっても、儒教的感覚が消えないのだろうか。

思い返してみれば、中国共産党の歴史は内部闘争の歴史である。毛沢東《マオズードン》[19]は反右派闘争[20]や文化大革命など、常に敵をつくって戦い続けることで、権力闘争に打ち勝ってきた。他の共産党高官も大同小異だ。こうした中国共産党の権力闘争の歴史が、人民にも影響を与えたと私はにらんでいる。

つまり、**天安門広場における学生たちは、誤解を恐れずに言えば〝小共産党〟だった**のではないか。学生たちは共産党による専制支配を打破しようと叫んでいたが、潜在意識は

19. **毛沢東（Mao Zedong）** 1893〜1976。中国共産党の創立党員のひとりで、日中戦争を経て党内の指導権を獲得し、45年より中央委員会主席、中央軍事委員会主席。日中戦争後の国共内戦で蔣介石率いる中華民国を台湾に追いやり、49年、中華人民共和国を建国。以後、死去するまで同国の最高指導者。

共産党的思考に支配されていたのだ。王若望《ワンルオワン》というアメリカに亡命した民主活動家は、次のように総括している。

「すべての民主活動家のなかに小毛沢東がいる」と。

「だから妄自尊大《ワンズモンダー》（うぬぼれた思い上がり）ばかりなのだ」と。

私も王若望の意見に同意する。そして、**認めたくないことだが、私のなかにも小毛沢東がいることは否定できない**。

生まれたときから民主主義社会で生きている日本の読者の皆さんには、なかなか理解しがたいことかもしれないが、**専制政治の打破とは外形的な政治制度との戦いだけではなく、自らの脳内に植えつけられた〝専制的思考〟との戦いでもある**。頭のなかに小毛沢東が住みつくのは、専制社会を生きていれば当然の話なのだ。問題は、小毛沢東との戦いにいかに勝利するかなのである。

今、海外民主化運動に携わる関係者を見ると、およそ3種類の人間がいるように思う。

第一に小毛沢東が自らに宿っていることを認め、正しく反省できる人。

だが、こうした〝悟り〟を開いた人物は多く見積もっても10％に満たないだろう。

第二に昔からまったく変わらない人々。

20. 反右派闘争　1957年に毛沢東が主導した政治運動。右派分子が中国共産党に挑戦していると批判。数十万人が職を失い、または強制労働に従事させられる事態へと発展した。

小毛沢東の存在に気づかず、いつまでたっても「オレが、オレが」と自尊心を爆発させている輩である。これが70％程度と大半を占める。

第三に小毛沢東が肥大化していく人々。

これが最悪だ。20％程度の人々は小毛沢東を倒すどころか、むしろ、自身の内にあるそれをどんどん肥大化させている。権力闘争を勝ち抜く悪辣なテクニックばかり磨き、どんどん悪しき人物となっていく。民主化の理想もいつのまにか消え失せ、自らの成功ばかりを追求する。そんな悲しい小悪人に成り下がっている。

私は自らを、第一の反省した人間だと思っている。といっても、自力でこの境地に達したわけではない。天安門事件後、私は2回にわたり投獄された。獄中生活は計4年半。若者にとっては短くない時間だ。

奪われた青春は帰ってこないが、この期間に学んだことは多い。私は頭がよい、選ばれた人間だ、私はすごい……。そうした小毛沢東的なエゴは、この期間に次第次第にしぼんでいった。

代わりに芽生えたのが、普通の人々に対する尊崇の念だ。謙虚に人間に向き合うこと、それができなくて何が民主化だと悟ったのだ。もうひとつ、大きな転機となったのは、アメリカ亡命後の経験だ。海外民主化運動関係者が小さな世界で内紛と足の引っ張り合いを繰り返すさまを見て、心底絶望した。

そこで、自らの悪癖、民族の悪習を乗り越えて大同団結を果たすこと、人間同士が尊敬し合うことこそが、何より必要だと考えるようになったのだ。だからこそ私は、あらゆる組織に所属せず中立の個人という立場で、ぶつかり合う民主化運動関係者を結びつける役割を果たそうと努力してきた。

と、偉そうに語ってきたが、実をいうと私も100%、中華民族の悪習を捨てられたわけではない。中国に**「文人、相軽んじる」**という言葉がある。学問を持つ文化人同士はいがみ合い、自分のほうが相手より上だと実力を誇示しようとする意味だ。

私は作家やラジオのコメンテーターとして活動しているので、やはり他の知識人よりも優れたコメント、深い見識を見せようと気張ってしまうところがあるのは否定できない。まだまだ人生修行が必要だ。

天安門事件が中国に残した「アメとムチ」

天安門事件につながる学生運動は残念ながら失敗に終わり、中国を変えることはできなかった。だが、事件を機に大きく変化したものがある。それは中国共産党による統治だ。

「穏定圧倒一切《ウェンディンヤーダオイーチエ》」（安定はすべてに優先する）とは、事件後に鄧小平が打ち出したスローガンだ。改革は統治の動揺をもたらすことを深く理解した中国共産党はその後、ありとあらゆる手段を尽くして、中国共産党の支配強化に乗り出す。その手法は古典的ながら「アメとムチ」に集約されるだろうか。

まずムチだが、改革開放後、鄧小平は肥大化した人民解放軍の縮小に着手していた。軍の定員を130万人も削減するという大改革だ。しかし天安門事件によって、中国共産党高官は軍の有効性を改めて認識した。外敵に立ち向かうのではなく、国民を抑圧する暴力装置としての有効性ではあるが……。事実、**無辜の人民を虐殺した人民解放軍に対し、鄧小平は「軍はテストに合格した」と喜んだ**という。

その後、中国政府は武装警察を設立し、国内の騒乱を鎮圧するための武力を強化した。今や武装警察、警察、司法などの予算を合算した治安対策費は、軍事費に匹敵する規模にまで膨らんでいる。**中国共産党にとって本当の敵は、外国ではなく人民**というわけだ。

そのうえで、国民に対する監視も強化するようになった。「和平演変」を防ぐため、新聞、雑誌、映画、ラジオなどさまざまなメディアの検閲を徹底し、民主主義の思想が入り込まないよう気を配った。

この規制はインターネット時代の現在、さらに強化されている。中国ではグーグルやフエイスブックなどが使えないばかりか、個人がどのような情報を発信しているのか、くまなくチェックされている。**中国の専制政治を批判するような発言をしただけで、治安を乱したという罪で逮捕される**事例まで起きているほどだ。

また学生運動が起きないように、大学や学生への監視を強化している。ちょっと面白いのが、中国の学生寮の規制だ。**夜7時以降は異性の立ち入り禁止。勉強の妨げになる不純異性交遊禁止のための決まりのようにも思えるが、実は1989年以降になって広まった制度である。学生が集まって謀議をしないように、この規則がつくられた**のだ。さらに大学における官制学生会の強化、共産党組織の拡大などによって、学生たちの監視を強化している。

教員もまた監視の対象だ。現在の中国の大学には「七不講」(七つの語らず)という決まりがある。「人類の普遍的価値、報道の自由、市民社会、市民の権利、党の歴史的錯誤、特権資産階級、司法の独立」については議論してはならない、というもの。自然科学ならばともかく、法学や政治学などの人文社会科学の授業が成り立たないように思えるが、こうした〝悪法〟を中国共産党は次々と導入している。

さらに国民の密告制度、IT企業と結託したインターネット上の言説のチェック、監視カメラを国中に張り巡らせた監視システムなど、中国共産党はハイテクを活用した監視社会化を推進している。

だが、こうした**ムチ以上に力を振るったのがアメ**だろう。天安門事件から3年後の1992年、鄧小平は中国南部を視察しながら、市場経済改革の徹底を指示する発言を繰り返した。いわゆる「南巡講話」である。隠然たる力を持っていた保守派が衰退し、中国の市場経済化加速の契機となった転換点だ。

中国共産党の支配を安定的にするためには経済成長を高め、国民に物質的満足を与えなければならないと鄧小平は考えた。保守派も、この論理に対抗することはできなかった。**「天安門事件が中国に高度経済成長をもたらした」**と言われるゆえんだ。

まさに「風が吹けば桶屋が儲かる」を地で行くような話だが、実際、**民主化運動という圧力を受けたことで、政府は経済改革をより加速せざるを得なかった**のである。ただし民主主義を欠いた経済成長には、当然ひずみが出る。そのため、官僚らの汚職がさらに悪化するという負の側面も広がった。

それでも、この「アメとムチ」は功を奏したといえるだろう。その結果が天安門事件の風化だ。中国人の多くが、現在の繁栄を楽しんでいる。監視されているなか、危険を冒して民主化を追求するよりは、バブルの波に乗り個人的成功を追求したほうがいいと考えているのだ。

しかも、そう考えているのは若者たちだけではない。かつては理想を追い求め、学生運動に参加した親世代も、子どもたちには民主化運動について何も伝えていない。そんな愚かなことで時間を無駄にするよりも、しっかり勉強して出世してほしいと願っているのが現状なのだ。

何度も繰り返すが、天安門事件は失敗した。

1989年の運動が失敗しただけではなく、そのレガシーを正しく継承することにまで失敗してしまった。だが、だからといって中国に民主化の未来がなくなったわけではない。中国共産党の専制支配が永続的なものだと決まったわけでもない。いつの日か、一党独裁の政治は限界を迎えるであろう。そして、中国人民にも政治意識が芽生えるだろう。

中国に民主化が必要とされたとき、100万を超える人々が広場に集まった世界史に残る運動が、必ず思い起こされるはずだ。私が生きている間にその日を迎えることはないかもしれないが、私の思い、私が残した〝作品〟は伝わるはずだ。1989年の熱い思いと、そして数多くの愚かしい失敗という反面教師的事例を、未来の中国人に託したい。

第2章

世界中に〝悪〟が飛び火した「ポスト1989」の現実

経済大国化した中国に対する媚びへつらいの始まり

第1章では、1989年の失敗について真実を明かした。ただし、天安門事件という世界史的大事件が起こした波紋は、それにとどまるものではなかった。**亡命した天安門事件関係者による海外民主化運動、香港や台湾の民主化運動、さらに国際社会の圧力など、中国を変えようとする動きへと連鎖していった**のだ。

第1章で述べたとおり、天安門事件によって中国共産党は窮地に追い詰められていた。さらにさまざまな圧力に包囲されて、もはや風前の灯火かにも見えた。ソ連と東欧諸国という社会主義陣営がバタバタと倒れていく世界的な潮流も、そうした予測を裏打ちした。だが、中国共産党は倒れなかった。それどころか、より強靱な専制国家へと進化している。その理由はなぜなのか。なぜ、天安門事件の波紋は消えていったのか。ここからは、「ポスト1989」の現実を分析していく。

まず本章では、海外民運を取り上げる。

亡命者など海外に居住する華人による外からの中国民主化運動である海外民運は今、岐路に立たされている。多くの組織、派閥に分裂し、団結することができていない。さらには後述するように、民主活動家をかたって詐欺を働く者までいる始末だ。

「民主活動家は口ばかり。お山の大将になりたがる小物ばかりで、中国の民主化など実現できようはずもない」

こんな陰口も叩かれている。

私はあらゆる組織、派閥に属していない独立した評論家、海外民運人士ではあるが、しかし現状に胸を痛め、責任を感じている。海外民運の状況について説明することは、私にとって容易なことではない。厳しい現状に向かい合わなければならないからだ。

だが、なぜ中国の民主化が困難に直面しているのか、という状況を説明するにあたり避けては通れない話題といえる。ここで海外民運の歴史と、隘路《あいろ》に陥った事情について説明しよう。

海外民運は1983年、カナダに留学した王炳章《ワンビンジャン》[1]博士によって創設された組織「中国民主団結連盟」（民連）を起源とする。同連盟はニューヨークに本拠を置き、雑誌『中国の春』を刊行した。アメリカに留学した研究者、学生などが続々と加盟。のちに民連主席に選出された胡平《フーピン》[2]氏が、その代表格だ。

1989年、中国で史上最大の民主化運動が起きると、海外民運も最高潮に達する。世

1. 王炳章（Wang Bingzhang） 1947〜。民主活動家。2002年6月にベトナムの国境付近で中国公安に拉致され、現在終身刑で中国国内の刑務所に勾留されている。
2. 胡平（Hu Ping） 1947〜。ニューヨーク在住の民主活動家。『北京の春』誌の編集長を務めている。

界各国で華人はデモや集会を開催し、中国の民主化運動と天安門の学生たちへの支持を呼びかけた。

天安門事件のリーダーたちは懲役刑を受けた者もいれば、海外に亡命したものもいた。初期の亡命者は第1章で紹介した柴玲やウーアルカイシ、それに厳家祺《イエンジャーチー》[3]、陳一諮《チェンイーズー》[4]、万潤《ワンルン》南《ナン》[5]らだ。懲役刑を受けたのちに亡命したケースとしては、王丹、王有才《ワンヨウツァイ》[6]らが挙げられる。私、陳破空もこのひとりだ。

亡命者は海外民運と合流し、海外でもリーダーとしての役割を果たしていく。海外民運の使命は国外で民主化運動を堅持し、在外華人の参加を促し、中国国内の民主化運動を支援することにあった。

しかし海外民運は、1989年をピークに低迷へと転じる。その要因は、きわめて複雑だ。大きな要因は、中国経済が台頭し瞬く間に経済大国となり、強大な国力と軍事力を手に入れたことにあるだろう。中国共産党はその手中に収めた巨大なリソースを用いて、国内の不穏な動きを鎮圧し、対外的には威嚇的な強硬姿勢を示した。

つまり、中国人民のみならず、世界各国をも恐れおののかせるほどの力を手に入れたのだ。西側諸国による中国への圧力は次第に弱まり、中国の怒りを買わないように振る舞う政治家が増えていった。これにともない、各国政府の中国民主化運動に対する支持も失わ

3. 厳家祺（Yan Jiaqi） 1942〜。元中国社会科学院政治学研究所長。趙紫陽のブレーンのひとり。 天安門事件後フランスへ亡命し、民主化運動組織を設立。現在はアメリカ・ニューヨーク在住。

4. 陳一諮（Chen Yizi） 1940〜2014。元中国国家経済体制改革研究所長。厳家祺同様、趙紫陽のブレーンを務める。天安門事件でアメリカに亡命。

れていった。

民主化運動リーダーになりすます共産党のスパイ

一方で別の側面もある。実は海外民運には創設当初から、中国共産党のスパイが忍び込んでいた。支持者のフリをしたスパイである。海外民運の会議は大半がオープンなものだったため、スパイは自由に出入りできた。そうしたスパイたちは、ただ情報を収集するにとどまらない。**海外民運内部の亀裂をつくり出す「離間の計」をも仕掛けていたのだ。派閥をつくり、別の派閥と争うよう仕向けた**のである。

一例を挙げよう。**馮《フォン》という人物がいる。もともとは留学生で、アメリカ東部、ニュージャージー州にあるプリンストン大学近辺に住んでいた。民連に加入し前述の雑誌『中国の春』の編集まで務めたが、実はベテランのスパイ**であった。

一体、彼は何をしでかしたのか。馮は計略をめぐらし、王炳章と胡平をリーダーとする派閥を争わせ、民連を分裂に追い込んだのだ。馮は天安門事件当時、民運関係者を装い、積極的に活動するそぶりを見せていた。実際にやったことといえば、民運の破壊だけだったのだが……。

5. 万潤南（Wan Runnan） 1946～。中国の事業家、民主化運動の活動家。64年清華大学入学。84年に北京で四通集団公司を設立し、社長を務める。天安門事件で亡命。
6. 王有才（Wang Youcai） 1966～。民主活動家。1989年の天安門事件の学生指導者のひとり。数度にわたり投獄されたのち、2004年、アメリカに亡命。

彼は他のスパイと同じく、民運代表という肩書きで1993年にワシントンで開催された民運大会に参加している。そこでの工作活動は驚くべきものだった。彼は水面下で工作活動を続け、「煽動工作」と「離間の計」を通じて、いくつものトラブルと内紛をつくり出したのだ。その**大会は民運の大同団結を目的としたものだったが、結果はというと、団結するどころかさらに亀裂が深まり、「民連」「民陣」「民聯陣」という3団体に分派するという最悪の結果に終わった**のだ。

このように、中国共産党による妨害活動の一環として、海外民運組織の「双子」づくりがある。ある組織の内部に派閥をつくらせ、対立するよう仕向けるのだ。その結果、組織は実質的な分裂状態となる。

たとえば、海外民運団体のひとつに「民主中国陣線」という団体があるが、これまでに幾度となく分裂を繰り返してきた。常に、複数の「民主中国陣線」が存在しているのだ。それぞれが自らを「本家」と名乗り、他を「違法組織」と罵る。こうした不毛な争いが終わることなく繰り返されてきた。

「中国民主党」という団体に至っては、こうした内部の亀裂はより凄まじく、本来の活動そっちのけで内ゲバに明けくれている。また、ある組織は成立するや否や内部分裂が起き、あっという間に雲散霧消してしまった。

　また、中国共産党が海外民運の一部派閥に資金援助を行うケースもある。その場合、派閥のリーダーや主要人物は、すでに中国共産党の手の内の者に替わっていることがほとんどだが、彼らは海外民運の主流派のように振る舞う。そしてしまいには、海外民運を中国共産党の支配下に置こうとしているわけだ。

　江沢民の側近として知られた曽慶紅《ザンチンホン》[7]元国家副主席は、中国共産党内部の秘密会議でこう言い放ったという。

「海外民運の連中に民主化運動をやらせるよりも、我々共産党がやったほうがいいではないか」と。

　つまり、**中国共産党のスパイが海外民運のリーダーとなり、民主化支持者の内情を把握。危険がないようにコントロールしようという発想**だ。また、江沢民、胡錦濤、習近平に仕える王滬寧も、「海外民運にも中国共産党の支部を設立する時期がきた」と指示している。つまり、海外民運へのスパイ活動強化に力を入れろということだ。

　実際、曽や王の言葉通り、多くのスパイが海外に送り込まれている。中国共産党がひそかに支援している民主化団体か、あるいはれっきとした民主活動家が率いている団体かを見分ける基準は、羽振りがいいか否かだ。ただし、「あそこは、羽振りがよさそうだ」と、共産党が支援する団体の活動に参加してしまうと、「異見分子《イージェンフェンズ》」（政府と異なる意見を持つ

7. 曽慶紅（Zeng Qinghong）　1939～。2002～07年まで国家副主席を務める。第16期中央政治局常務委員。第16期における党内序列は第5位。江沢民元総書記の側近中の側近であり、日本の自民党とも太いパイプがあるといわれる。

人々）として把握されてしまう。

ある民主活動家は親族に会うために帰国した際、国家安全部の取り調べを受けた。そのとき、彼らは「おまえらがどんな会議に出席しているのか、全部把握しているんだからな」と、脅しともとれる言葉を投げかけたという。**中国への帰国ができるくらい重要度が低い民主活動家であっても、中国共産党はすべて情報を把握している**のだ。

カジノで消えた亡命申請者たちのカネ

ここまで中国の強大化、中国共産党のスパイという、海外民運を阻害するふたつの要因について説明してきたが、しかしながらこれらはあくまで〝外因〟である。海外民運がうまくいかない最大の理由は内部にある。民主活動家の器、品格、能力こそが、海外民運衰退の最大の原因なのだ。

第1章で説明した、天安門事件で学生と市民の連携を阻んだ「文人、相軽んじる」の問題、すなわち中国の士大夫は、自分以外を下に見ようとする悪癖があるという問題は、海外民運にも共通している。**海外民運の参加者は、ほとんどが知識人である。嫉妬心と負けん気が強い。すぐにいさかいが起き、協力していくのが難しい。足の引っ張り合いをする**

ことすらある。こうして〝悪性の競争〟が展開されるのだ。

民運関係者も中国人であり、当然、中国人の悪い部分を引きずっている。民運関係者の一部は民主化社会に来たというのに、中国生活時代の悪癖を残したままなのだ。

民運関係者は、共産党が統治する中国で育ってきた。そのなかで民主の理念に目覚め、独裁に抵抗する決意を固めた。しかし、それにもかかわらず、思考は中国共産党の影響から抜け出せないままでいる。

中国共産党に反対しながらも、自らの行動や発想は中国共産党と「瓜ふたつ」になってしまう。わがままで、異なる意見を聞くことができず、闘争心だけがやたら強い。すぐに人を裏切りいさかいを起こす。関係者と意見が合わなければすぐに仲間割れし、戦いにまで至ることもある。そうかと思えば、自らへの批判を一切受け入れられない者もいる。批判を聞くとすぐに口汚く罵り、「あいつは中共のスパイだ」と言い立てるのだ。本当はスパイではないと知っておきながら……。

また、最低限の道徳すら失ってしまった極悪人も、少数とはいえ存在している。数が少ないながら、困ったことにその影響力は甚大であり、海外民運の信頼を損ねる要因のひとつとなっている。彼らの問題は、目的と手段を逆転させてしまったことだ。中国の民主化こそが目的であり、資金調達は手段だったはず。ところが彼らは、**民主化をスローガンに**

しつつ、自らの蓄財を目的としているのだ。

ニュージャージー州に住む馮（P63の馮とは別人）という人物は、海外民運の活動家として知られている。同時に、何十軒もの不動産を持つ資産家でもあり、新たに亡命した海外民運関係者に安く家を貸す篤志家としても知られている。

その一方で、彼は海外民運のトラブルメーカーでもあった。ある派閥に肩入れして別の派閥を猛攻撃するなど、海外民運の分裂をもたらす存在だったのだ。当初は彼の性格のせいかと思われていたが、のちに**スパイであることが判明。一説には、部長級（閣僚級）という高い待遇を受けていた**とされる。

資産もビジネスで稼いだと見せかけているが、中国政府からの資金提供があった可能性が高い。この事実が知れ渡ると、海外民運関係者は彼から遠ざかるようになったが、それでもアメリカに来たばかりの親民主の中国人は彼に騙されてしまう。

もうひとり、唐《タン》というアメリカ在住の民主活動家も、海外民運関係者を装う悪辣なスパイの典型だ。

唐は20年以上も海外民運にかかわり続けているが、他人からカネをだまし取る腹黒さでよく知られている。そのため、民運の主流派からはのけ者にされたが、のちに法輪功《ファールンゴン》[8]に接

8. 法輪功　仏教、道教の思想を取り入れた気功法及びその団体。創設者は李洪志。共産党員の信奉者が増えたことから中国共産党は危機感を抱き、取り締まりを強化するようになる。その動きに反発して、1999年4月に政府要人の自宅が集まる中南海を信奉者が包囲する活動を起こした。これを受け、中国政府は邪教と認定。徹底的な取り締まりを続けている。信奉者への迫害は人権問題として国際社会の注目を集めている。

近。その名を借りて各種の抗議活動を行っている。だが、法輪功の信者の寄付を着服したことが発覚し、法輪功にも立ち入れなくなった。

唐の餌食となるのは、アメリカに来たばかりで政治亡命を希望する中国人だ。唐は「民主大学」を構築すると主張し、亡命希望者を学生として受け入れ、「亡命申請をサポートする」と言葉巧みに誘う。だが、希望者が経費を払うと唐はすぐに失踪してしまう。実はカジノで遊びほうけているのだ。

数日から2週間程度、カネを使い果たすと唐は何事もなかったかのように姿を現す。ビザの申請状況を聞かれても、のらりくらりと言い訳するばかり。

「それならばカネを返してほしい」

と申し出ると、唐は

「おまえを中国のスパイだとアメリカ政府に通報している。オレの妻は検察官だ。いつでも裁判にかけて、強制送還にしてやれるんだぞ」

と脅すのだ。こう言われるとほとんどの被害者は泣き寝入りするしかない。

なぜ、人権派弁護士が突如、軟禁されたのか？

２０１７年に唐は、その素性についてのちほど本章で詳しく説明する、アメリカに〝逃亡〟した大富豪の郭文貴《グッオウェングイ》[9]という男に対する支持を表明した。しかし、それもまた郭のカネが目当てだと疑われている。それでも中国人のなかには裏を見抜けず、唐を支持する動きが広がり、寄付金も集まった。

その一方で、詐欺の被害にあった者たちから「カネを返してほしい」との声も上がっている。悪行をネットで公開する者、裁判の用意をする者などさまざまだ。唐は弁明を重ねつつ、ときに批判者を中国のスパイだと非難し、どうにか危機を脱しようとしている。

ところがその後、中国の著名な人権派弁護士・高智晟《ガオジーション》[10]氏の声明が発表された。「アメリカに亡命している高弁護士の家族のため」という名目で集められた7万ドルもの義援金が、ある人物に着服されたというのだ。声明では、「その人物はアメリカで強大な力を持ち、刃向かえば大変な目にあうと家族が心配する」との理由で名前は伏せられているが、事情を知る人が見れば唐であることは明らかだ。

事ここに至っても唐は罪を認めようともせず、「高智晟弁護士と家族は中国共産党に指

9. **郭文貴（Guo Wengui）** 1967〜。山東省出身。中国を逃れ、アメリカで事実上「亡命」状態にある中国の実業家。曽慶紅と親しい政商として暗躍し、北京オリンピックの公園建設などにも携った。2015年アメリカに逃亡後、中国共産党内部の暴露を続けている。17年9月、アメリカに正式に亡命申請をした。

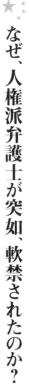

図されている」と主張し、起訴するとまで言い放った。実際のところ、中共のスパイだったのは唐本人ではないのか。ある人物が調査したところ、**唐は在アメリカ中国大使館と連絡を取り合い、小切手を受け取っていたことが判明**したという。

さて、唐による高弁護士義援金の着服問題が発覚した数日後、高弁護士は再び失踪した。3週間後になって家族はようやく事情を知ったが、中国共産党により陝西省《せんせい》から北京に身柄を移されて軟禁されていたという。そのため、アメリカの家族に連絡することができなかった。

義援金着服と呼応するかのような軟禁、この奇妙な一致ひとつを取ってみても唐は怪しいと言わざるを得ない。中国共産党は唐を守るために高弁護士を軟禁したのではないか。

また唐は自らが主催する「民主革命大会」に寄付をする中国人に対し、実名を登録するよう繰り返し要請している。民運界隈では、唐の「おとり戦術」ではないかと疑われている。民主革命を支持する中国人のリストをつくり、ひそかに中共に手渡しているのではないか、と。

10. 高智晟（Gao Zhisheng） 1966〜。人権派弁護士。法輪功学習者や中国家庭教会に対する人権侵害に言及。現在中国の秘密警察により拘束、虐待されている。

30年ぶりに旧交を温めた友人の正体

唐のような海外民運人士に潜り込んだスパイだけではなく、中国共産党はさらに積極的な工作、買収をしかけている。**中国国家安全部はアメリカ全土に拠点を設置し、民主活動家とその家族に対する接触を図っている**のだ。

中国共産党は、同郷の人間や古い友人を工作員として送り込んでくる。ターゲットは、友人だと思って彼らと仲よくしていると、次第次第に丸め込まれていく。その手段は説得工作、買収、脅迫など、何でもござれだ。中国共産党は、こうしたやり口で民主活動家をスパイに仕立て上げようとしている。

国家安全部関係者は功績を挙げようと、あの手この手を尽くしてくる。自ら迫害し投獄した相手に対してすら、中国政府に協力するよう恥知らずにも迫ってくるのだ。崇高な信念を抱く活動家にとっては、スパイに寝返る可能性があると思われるだけで屈辱だが、中国共産党は、当然そんなことなどお構いなし。得意の人海戦術で、次なるスパイを仕立て上げようと、あらゆる手を使ってくるのだ。

実際、ワナにはまった人々もいる。国家安全部関係者の友好的な話を聞いているうちに、

自分が重要人物だと誤解してしまうのだ。そうでなければ、なぜわざわざ自分のところまで、国の関係者がやってくる理由があるだろうか、と。

このように、まず虚栄心から心の動揺が始まる。信念が明確ではない、意志薄弱な一部の民運関係者はこうして籠絡《ろうらく》される。もし、彼らが中国に帰国して商売に手を出すようになったのなら、もはや取り込まれたことは間違いない。中国共産党から、さまざまな手助けを得ているだろう。それが次のワナへとつながっているにもかかわらず……。

第1章で取り上げた、**天安門事件の学生指導者のひとり、李禄。彼は実際、中国共産党の支援によって瞬く間に大富豪へと成り上がった。海外民運から離脱した今、中国に帰国するのも自由自在**だ。

実は私にもこうしたアプローチがあった。2018年6月4日、天安門事件の記念日に古い友人が私を訪ねてきたのだ。**上海の大学院生時代の知り合いだから、もう30年は会っていない。アメリカ旅行に来たというので、旧交を温められると喜んでいたが、ほどなくして彼がスパイであることがわかった。**海外民運の中心的人物である私と接近することで、民運関係者の動向を把握しようとしたのだ。根掘り葉掘り、海外民運について情報を得ようと尋ねてくる彼に愛想を尽かし、私は距離を置くようになった。

ところが、ある日、彼は私と待ち合わせをし、その際に5000ドルを差し出してきたのだ。生活の足しに受け取ってくれと言う。だが、私はすぐに突き返した。

「こんなカネはいらない。そもそも、このカネは君自身のものですらないではないか」

中国共産党のカネは受け取らないという私の言葉の意味を悟った彼は、顔を真っ赤にしていた。スパイだとばれたことを、恥ずかしく思ったのだろう。だが、それでも彼は、「籠絡活動」自体からは手を引かなかったようだ。中国に帰国後も、SNSを通じてアメリカ在住の民主活動家と連絡を取り合い、動向を探り続けている。


こうして中国共産党の圧力と誘惑によって、一部の民運関係者は中国政府に従うようになる。中国政府から「(海外民運人士が)法輪功と一緒になるとは何事だ」との発言があれば、法輪功を避けたり、敵視するようになる。チベット独立運動について政府が釘を刺せば、亡命チベット人との交流を断つといった具合にだ。中国大使館スタッフとはしばしば顔を合わせることはあるのに、亡命チベット人を避けるとはどういうことなのだろうか。

あるいは、台湾独立についてもそうだ。彼らの言葉を聞くと、どうやら中国統一は民主化よりも重要なようだ。こうして焦点を変えることによって、中国共産党の独裁という最大の問題から人々の目を逸らしてしまう……。

一部の活動家はスパイとなることは拒むものの、説得され続けた結果、活動を減らしたり、やめたりすることもある。スパイに仕立てることに次ぐ、2番目の成果だ。

もしスパイにもならず活発に民主化運動を続けるというのであれば、奥の手がある。「あの活動家は、以前にこっそり中国に帰国し、国家安全部関係者と話し合っていた」という情報を流すのだ。**スパイにならなかった人物にこそ、スパイ疑惑をかけて信用を落とす手法**だ。こうなると、その人物は民運界での居場所を失ってしまう。

中国の国家安全部関係者は、中国に出入りできる海外民運関係者と近い中間派に対し、「中国はカネ持ちになった。カネで問題を解決できるようになったし、カネの力で海外民運を瓦解に追い込むこともできる」と豪語している。そして友人のなかに民運関係者がいる〝中間派〟に対し、中国共産党に協力し、橋渡しをするよう要請する。つまり、買収のための手先になれというのだ。

中国共産党が投入する資金は増える一方だ。かくして一部の民運関係者は、カネの誘惑にかられ、活動を放棄し、あるいはひそかにスパイとなる者までいるのである。

中国の制度を認めない在米中国人留学生たち

アメリカには多くの華人、華僑が住んでいるが、大きく「親中共」と「親民主」のふたつに分かれている。前者にとって中国＝中国共産党だ。

アメリカで暮らしていながら、ナショナリストとして中国共産党統治下の中国を熱愛している。さまざまな問題には目をつぶり、経済力や軍事力など中国が誇る一面しか見ようとしない。**中国が世界第二の経済大国となったことは彼らの誇りだが、環境問題や政治の腐敗について聞くと、「途上国ならばそうした問題は当たり前」という矛盾した答えを返してくる。**

他方、後者の親民主は中国のさまざまな問題を憂えている。環境問題も政治の腐敗も、報道の自由や司法の独立がないため政治と資本が暴走したことの結果、すなわち政治体制の問題だと考えている。ただし、中国の現状を嘆きつつも、祖国に対する愛は決して失っていない。**中国共産党と中国は別物だと考えている**のだ。

さて、親中共と親民主のどちらの人間が多いだろうか。公の場で発言する人数だけを見れば、圧倒的に親中共のほうが多いだろう。だが、それには理由がある。というのも、親民主の人々は中国共産党におびえて声を上げることをためらっているのだ。

「アメリカに住んでいるのに、なぜ、まだ中国共産党を恐れるのか」

そう思われるかもしれない。確かに、彼ら自身の身に直接的な危険がすぐに及ぶ可能性は低いだろう。だが、帰国が困難になったり、中国に残る親族に迷惑をかけたりしかねないのだ。

いくつかのネット調査が示す数値を見ると、「親中共」「親民主」の実際の比率は、半々といったところだろう。表面的に見える声の大きさと実数は異なっている。年齢別に見ると、中高年は親中共が多く、若者は親民主と無関心層が多い。たとえば、2013年に米紙『ニューヨークタイムズ』が在米中国人留学生を対象に実施した調査では、70%がアメリカの制度を認めていると回答。一方、中国の制度は認められないとの回答は過半数を超える51%に達している。

アメリカに広がる〝愛人村〟と〝月子中心〟

中国共産党の官僚たちは、表向きアメリカ的資本主義を敵視しているが、それはダブルスタンダードにすぎない。なぜなら、ご存じのとおり彼らの多くは、家族を海外に移民させているからだ。

まず、子どもを留学させ、母親、つまり自身の妻はその付き添いという名目で海外に送り出す。そして自分は、単身中国に残ってカネをためたのち、海外に移住するという流れだ。このような形で海外に暮らしている元中国共産党幹部は、相当数に上る。

一応、アメリカの法律ではナチス信奉者、テロリスト、共産主義者は入国できないが、彼らが移民する際は自身の身分を隠しているため、水際で侵入を防ぐことは難しい。もちろん、カネも権力も持っている中国の官僚たちにとっては、身分を隠しての移民など、さしたる困難ではない。アメリカ移住後も、かつての身分を明かそうとはしないが、言葉の端々から官僚だったことがにじみ出てしまう。だから、私にしてみれば、少し話せばすぐにお里が知れるのだが……。

こうして**移民した汚職官僚は、アメリカの社会制度を活用し、医療保険や住宅手当といった社会サービスを活用**している。そのくせ、自分の子どもたちには「アメリカの政治制度を信じないように」と言い聞かせているのだから、まったくあきれるしかない。

中国から移民してきた人々は、地域の活動や太極拳などのサークルで出会うことが多いが、やはり元官僚と一般市民では考えが違いすぎる。すぐにケンカとなり、仲違いするのが常だ。親民主の人々からすれば、アメリカの政治や社会を悪しざまに言う親中共の人々の話を聞いているとイライラしてしまう。「だったら、中国に帰れ！」と、つい罵ってしまうというわけだ。

無論、偉そうにアメリカを批判していた親中共の人々も、国から出たという負い目があるから言い返せない。こうして、険悪なムードが残るだけなのだ。その子どもたちも、親が争っている以上、仲よくなることは難しい。結局、アメリカに移り住んでも、中国時代の〝一線〟は残ったままだ。

汚職官僚などカネ持ちの移民と、亡命者を含めた一般の市民では、住んでいる地域すら違う。汚職官僚が住むエリアは高級住宅街。さらに**愛人たちを住まわせる〝愛人村〟があり、出産後に妊婦が通う〝月子中心《ユエズジョンシン》〟[11]も用意されているなど、カネ持ちの移民たちのためのサービスが整っている。**一般市民には、とても望むべくもない待遇だ。住む場所すら違うので、日常的な接触も少ない。

高級官僚の子弟の留学というと、2012年に失脚したかつての習近平のライバル、薄《ボー》熙来《シーライ》[12]の息子である薄瓜瓜《ボーグァグァ》[13]がハーバード大学に留学し、コロンビア大学大学院を卒業している。習近平の娘、習明沢《シーミンズー》[14]もハーバード大学を卒業している。彼ら高級官僚の子弟は、アメリカのシークレットサービスに警護され、一般の中国人とは一切かかわりを持たずに暮らしていたのだ。

では、なぜアメリカは、市民の血税を使ってまで中国共産党高官の子弟を守っているのか。これにはふたつの理由がある。第一に、彼らに何か問題が起きれば、米中関係に悪影響を及ぼしかねないということ。第二に、高官子弟の秘密を握って将来の外交に役立てようという考えだ。

11. 月子中心　中心とはセンターのこと。中国では産後の肥立ちを促すため、出産後1カ月以上にわたり、母親に栄養のある食べ物を食べさせ、なるべく動かないようにさせる「座月子」（ヅゥオユエズ）という風習がある。そのための静養施設、産後ケアセンターのこと。近年では富裕層向けに、医師や看護師が常駐する専門施設「月子センター」が活用されることも多い。

アメリカ政府は、したたかにも子弟の行動、交友関係のみならず、DNAまで収集しているという。高官子弟のアメリカ留学が始まったのは、この10年あまりの話だ。彼らはまだ目立った地位には就いていないが、将来は中国において重要人物になるだろう。そのときになって、**留学時に握られた秘密が決定的な役割を果たす**可能性もある。

道徳的規範からいえば、民主主義国家の税金で独裁国家の高官子弟を守るのは許されざる行為だろう。それは間違いない。しかし、国家利益を守るための実用主義的観点に立てば、間違いなく必要なことなのだ。

学生自治会長選にすら介入する官製抗議運動

中国共産党の秘密活動は、海外民運に対するスパイ工作にとどまらない。無論、アメリカ、ヨーロッパ、そしてもちろん日本にも、無数の中国人スパイが潜り込んでいる。

スパイは、もともと記者と外交官が多数を占めていた。中国では国際政治学部、対外貿易学部を有している大学も多いが、それらの大半はスパイ養成コースの名残だ。**旧ソ連系の工学重視の大学教育が行われた中国において、文系学部が果たす最大の役割はスパイ養成であった**といっても過言ではない。

12. 薄熙来（Bo Xilai） 1949〜。国務院副総理などを務めた薄一波を父に持つ。保守派の旗手として第17期中央政治局委員兼重慶市党委員会書記を務めたが、汚職スキャンダルにより失脚し、無期懲役の判決。2017年、肝臓がんであることが報道される。

1989年以後、中国のスパイ活動には大きな変化が生じた。経済発展にともない資金が豊かになったこと、多くの中国人が海外に出国したことから、カネと人脈を使った多様なスパイ活動が展開されるようになったのだ。また、海外民運が活発化するなかで、そのコントロールが急務という中国政府の危機感もあった。そのため、今では留学生、ビジネスマン、芸能人、研究者など、さまざまな分野にスパイが散在している。

唐突かもしれないが、かつての清朝と今の中国を比べると大きな違いがあるのは、海外の中国人の管理体制だ。**清朝時代には、海外の中国人を一切コントロールすることができなかった。そのため、在外華人が清朝打倒の原動力となった**のである。とりわけ日本は、反清朝政府運動の一大拠点だった。

この教訓を生かし、中国は在外華人の統率に努めている。**アメリカの各大学には中国学生学者連合会が設立され、そのトップは中国共産党員か、あるいはスパイによって構成されている。運営資金は大使館が提供し、適宜、大使館、領事館からの指導を仰ぐ**のだ。

中国人留学生がアメリカに到着すると、まず中国学生学者連合会が迎えに行く。そして、家探しや生活のサポートなどを行うと同時に、その留学生の思想的背景や家族構成に至るまで調べ上げるのだ。さらに留学期間中の行動も、中国学生学者連合会を通じて相互監視

13. 薄瓜瓜（Bo Guagua） 1987〜。薄熙来と谷開来の息子。11歳のときにイギリスのビジネスマンでのちに谷開来に殺害されるニール・ヘイウッドの紹介で、イギリスの名門校ハーロー校に入学。2013年米国コロンビア大学ロースクールに入学し、16年に法学博士号を取得。その後の動向は伝えられていない。

させている。

海外の中国人留学生は、このようにして中国共産党に管理されている。そして、ときには中国共産党の政治活動にも利用される。

一例を紹介しよう。かつて、2008年の北京オリンピック前に、世界各国で聖火リレーが行われたのを、覚えている方もいるだろう。同年3月にチベット自治区ラサで大規模なデモと武力鎮圧という事件があったため、聖火リレーではチベット関係者や共感する各国の人々によるアピールが繰り返された。これを嫌った中国共産党は、こうした動きを封じようと留学生を動員。目立つ位置を留学生に占拠させて、抗議者が目立たないようにするなどの動きを見せたのだ。

また、2019年2月には**カナダのトロント大学で、チベット系カナダ人のチェミ・ラーモさんが学生自治会長に選ばれると、中国人留学生は罷免を求める政治活動を行った。**こうした妨害は日常茶飯事だ。もちろん中国共産党が組織した運動だが、彼らはその事実を認めず、「中国人民の感情を傷つけた」ために起きた自発的な抗議運動だとうそぶいている。

一方で、**「同郷会」も中国共産党による海外華人支配の道具**となっている。同郷会とは中国の伝統的な民間団体で、異郷の地にあっても同郷人同士で助け合えるように結成され

14. 習明澤（Xi Mingze） 1992〜。習近平と二番目の妻、彭麗媛の娘。米ハーバード大学卒。2015年、帰国し父のイメージ戦略、ネット戦略をアドバイスしていると噂されるが、正式発表はない。

た互助団体だ。今でも中国各地、さらには海外でも華僑が多い地域には「会館」が存在する。たとえば「山東会館」ならば、山東省出身者が集まってコミュニケーションを取り、相互に助け合う場となるわけだ。アメリカでも、ニューヨークのチャイナタウンには「北京同郷会」「湖南同郷会」「山東同郷会」などがある。

問題は、こうした**同郷会がすべて親中共**であるという点だ。運営費用もすべて大使館から提供されており、中国政府のコントロールを受けている。大学以外にも、同郷会を通じた監視ネットワークが存在しているのだ。

このように、在外華人を監視するのがスパイの大きな役割だが、もうひとつ重要な任務を担っている。それが産業スパイだ。詳しい説明は第5章に譲るが、ご存じのように中国の企業スパイはさまざまな企業に入り込み、先端技術や研究成果を盗んでいる。

無論、アメリカ当局もただ手をこまねいて見ているわけではない。しばしば産業スパイを摘発しているが、実はこれはごく少数にすぎず、見つからずに機密を盗み出したスパイが大多数を占めているだろう。

中国でも現在、国内でスパイの疑いがある人間を片っ端から拘束している。実際にはスパイではない人間が多数含まれているが、そんなことはおかまいなしだ。一方、民主主義国家のアメリカでは、そんなことはできない。推定無罪の原則があるからだ。

確たる証拠なしに疑いだけで拘束、逮捕することは人権的に許されない。たとえ逮捕したとしても、証拠が不十分ならば検察が負けるだろう。逆に政府が賠償金を請求されることすらあり得る。

そのため、スパイの逮捕には長期間にわたる調査による証拠固めが必要だ。ただ、人海戦術を駆使する中国のスパイ戦略をすべて食い止めるだけの力は、残念ながらアメリカにもない。これは、いわば**〝民主主義の隙〟とでも言うべきだろうが、中国は容赦なくこの弱点につけ込んでくる**のだ。

そもそも中国共産党にとって、スパイ活動はお手のものだ。かつて第2次国共内戦に勝利して、国民党を台湾に追いやる原動力となったのもスパイ戦だ。今、その諜報能力を西側諸国へと振り向けている。何せ中国には14億人もの人間がいる。大量のスパイを養成し、海外に送り込むことはお手のもの。このような人海戦術のスパイ戦は、どこの国も対応に苦しんでいる非常に難しい問題だ。

海外の集会の映像も24時間以内に北京に届く

前述の海外民運に対するスパイ活動、分裂工作に加えて、中国共産党は「監視」や「ハッキング」という手段もとっている。たとえば、**海外民運の大規模な集会があるたびに、中共のスパイは参加者のふりをして訪れ、会場を撮影している**。誰が海外民運関係者かを調べるためだ。私たちは誰がスパイなのか、だいたい把握しているが、確たる証拠がない限り追い払うことはできない。民主的であろう、オープンであろうとする私たちの理念を逆手に取った卑劣なやり口だ。

また、海外民運の会議や研究会の参加者名簿がひそかに持ち出され、中国共産党の手に渡ったこともあった。参加者名簿は不要だと私は主張していたのだが、他の関係者が強硬に主張して押し切られた。それがアダとなってしまった。実際、中国国家安全部関係者と交渉経験のある知人によると、彼らは「誰が集会に参加しているかすべて把握している」と明言。また、**何らかの集会があれば、24時間以内に国家安全部に、その映像が届けられる**とも話していたという。

また、ハッキング行為もひどいものだ。ある日本の友人は、中国の民主化運動にかかわった瞬間、ウイルスを仕込んだメールが届くようになったと嘆いている。この種のサイバー攻撃も、中国の得意ワザだ。私は十数個ものメールアドレスを持っているが、それはいつ、どのアドレスがサイバー攻撃によって利用不能になるかわからないからだ。

さらに、私のウェブサイトもしばしば攻撃を受ける。私の著作や論考、テレビ・ラジオ出演についてまとめたウェブサイトであり、とりたてて中国共産党にとって脅威になる内容ではない。しかし、それでも攻撃対象となっているのだ。

このように、中国人ならば誰でも、当局が至るところにスパイを送りこんでいることを知っている。だから、覚悟を決めた民主活動家以外は口を開こうとしないのだ。皆、密告を恐れている。

ある華人のコミュニティに参加したときの話だ。天安門事件の追悼集会に参加してほしいと彼に頼むと、こう断られた。

「私たちは陳さんを支持しています。ですが、恐ろしいから参加できないのです。スパイに撮影されるかもしれないし、誰かに密告されるかもしれないし……」

子ども世代との間で深まる埋めがたいギャップ

世代も当然、問題となる。いかに血がつながっていようが、親世代と子世代では考え方がまるで違う。とりわけ、台湾と香港の新世代についてはよく知られている。

台湾には「天然独《ティエンランドゥー》」と呼ばれる、生まれたときから台湾と中国は実質的には別の国だった世代が台頭し、中国とは異なる台湾独自路線をとろうとしている。また、中国の強硬な支配に嫌気がさした香港の若者からは、「港独派」「自決派」という思想が生まれ、自分たちは中国人ではなく香港人だという〝香港人アイデンティティ〟が強まっている。

では、アメリカの若き華人たちはどのような考えを、どのようなアイデンティティを持っているのだろうか。移民1世とは違って、2世や3世は中国に対してどのような思いを抱いているのだろうか。

まず彼らは、もはや「華人」という枠組みでは捉えられない存在だ。アメリカで生まれ、アメリカの教育を受け、アメリカで働き、アメリカの社会で暮らす。自分たちはアメリカ人だと考え、中国人だとは思ってはいない。

在外華人というと、チャイナタウンをイメージする人も多いだろう。そこから、外国に住んでいても、中国の文化と伝統を守り続けている人が多数だと思われるかもしれない。

私が住んでいるニューヨークでいうと、マンハッタンとフラッシングに大きなチャイナタウンがある。**マンハッタンは広東省系の旧移民の集住地、フラッシングは新たな移民の集住地だ。だが、在米華人のほとんどは、こうしたチャイナタウンには住んでいない。**バラバラに住んでいるのだ。1世は英語も不自由なため、身を寄せ合うしかなかったが、英語に不自由しない2世、3世ならば、華人同士で集まって生活する必要などない。

中国人だけでなく、ポーランド人にはポーランド人コミュニティがあり、ロシア人にはロシア人の、韓国人には韓国人の住む場所があるが、やはり2世以降になると、アメリカ人のアイデンティティを持ち、ルーツのコミュニティにはこだわらなくなる。

おそらく、日本でもそうではないか。中国系日本人の2世、3世は日本人としてのアイデンティティを持ち、中国にとりたてて関心は持っていないだろう。

特に、アメリカは2000もの民族が暮らす人種のるつぼだ。肌や目の色から宗教、習慣に至るまで、自分とはまったく異なる人々が周りにいるのは当たり前。だから中国系であっても、アメリカ人として暮らすことに違和感を覚える人などいない。

そんな2世、3世の若者が中国とのつながりを感じないのは当然だ。ゆえに、彼らが将来の中国民主化運動の推進者になるのを期待することもできない。

私のような移民1世は国を離れたとはいえ、精神はいまだに祖国とつながっている。中国共産党の一党独裁支配から、中国の人々を解放したいという強い思いもある。中国の民主化という使命を受け持つのは、私たち1世の責務だ。

とはいえ、自分の子ども世代にまで、中国改革の宿命を背負わせようとは考えていない。アメリカ人として生まれ育った彼らに民主化の使命を託すのは、酷な話だろう。

話のついでに、恥ずかしながら、私と子どもたちの関係についても触れておこう。私の子どもたちにとっての母語は英語、私は中国語だ。簡単な意思疎通はまったく問題がないが、**環境問題や国際問題など深いテーマについて語り合おうとすると、親子にもかかわらずコミュニケーションギャップが生まれる。**

さらに、根深い文化ギャップもある。アメリカには「まず褒める」という文化がある。マイナス面を見ないで、長所を褒めて伸ばすのだ。ところが中国は違う。マイナス点を厳しく指摘して直す文化だ。だから私が中国流で叱ると、「なぜ、そんなにマイナス面ばかりを言い立てるの」と反発されることもしばしばだ。

私の子どもたちは、完全に「アメリカ人」として生きている。むしろ、なぜ親である私が中国系であるのか、不思議に思っているほどだ。

トランプ政権で進む中国人留学生締め出しの実態

さらに移民といえば、昨今見過ごせないのがトランプ政権の存在だろう。日本では、トランプ政権に対する評価がかんばしくないと聞いている。日本の友人からは「移民排斥は人種差別的だ」「アメリカの民主主義に失望した」などという論評を聞いた。

だが、**在米華人の多くは、トランプ政権が人種差別的だとは感じていない。**移民政策の厳格化におびえている人はいる。ただしそれは、アメリカのグリーンカードを所持し、「外国人向けの社会サービスが削減されるかも」と不安に思っている人、そして実際に中国政府に迫害されていないのに、虚偽の政治亡命申請をしていて、審査が厳しくなるのを恐れている人、この2種類の人々だけだ。

もっとも、各国の留学生への影響は大きい。トランプの新政策によって、アメリカの大学を卒業した外国人も、新たに就労ビザの申請をする必要が出てきた。おそらくビザの枠自体、一定数以下に制限されるだろう。せっかくアメリカの大学を卒業しても、アメリカで働けないとなれば、魅力は半減だ。

そのため、**アメリカに留学する外国人の数は2017年、2018年と2年連続で減少**している。おまけに、中国の知的財産強奪、技術スパイに関する警戒も広がっているため、**中国人留学生を重要な技術分野から締め出すという動きも検討されている**ようだ。

無論、アメリカは移民国家だ。これまで移民に対しては、きわめてゆるいハードルしか設けてこなかった。医療保険や住宅手当、貧困者に対する減税などの社会サービスは、移民にも提供されてきた。合法的な移民はもちろん、非合法な密入国者であっても、一部の社会サービスを享受することができる寛容な社会だったのだ。

だが、移民の無尽蔵な受け入れには、負の側面があると強く意識されるようになってきた。違法な移民が増えているだけではない。合法的な移民であっても問題が多いのが実態なのだ。たとえば、留学生の保護者。働かないためアメリカ経済に貢献することはないにもかかわらず、社会サービスを享受している。

このように合法、違法を問わず移民への社会サービスの提供により、財政的に過大な負担を強いられてきた。そのため、過半数のアメリカ人がトランプの移民政策を支持しているのだ。

華人コミュニティは大統領選当時、トランプ支持を打ち出していた。

「トランプはビジネスマンだ。人権問題で中国ともめ事を起こすことはないだろう」という単純な理由からだったが、移民政策の転換を受けて失望している人も多い。親中共、親民主にかかわらず、自らが享受してきた豊富な社会サービスが、削減されかねないからである。

中国人が最も差別を受けている国はどこなのか？

日本では「トランプ大統領の独断専行＝アメリカ民主主義の終焉」などと言う論者もいるが、それはいささか的はずれではないか。むしろ私が思うに、トランプ支持の根強さはアメリカ民主主義の〝強靱さ〟の証左だ。

トランプという、主流メディアからも批判され、ウォール街からも煙たがられてきた政治素人が、製造業の労働者や中産階級を心底魅了し、一国の元首にまで登り詰め、政治のタクトを振るい続ける。これは、まさに民主主義国家でしかありえないストーリーだ。中国のような独裁国家には存在しない〝政治的健全さ〟の表れともいえる。

既存のエスタブリッシュメント、つまり主流派に失望したとしても、アメリカ人には別の選択肢が存在する。そのことを如実に示したのは、２００８年のオバマ前大統領の当選も同じだ。黒人大統領の誕生は、アメリカの民主主義が力強い生命力を有していることの表れだった。オバマとトランプ、２代にわたり非主流、つまりエスタブリッシュメントではない大統領が誕生したのだ。

オバマとトランプ、ふたりの大統領の誕生は、中国人からすればまさに〝奇跡〟と呼ぶにふさわしい。**アメリカの民主主義は終焉などしていない。今この瞬間も、その力強さを見せつけ続けている**のだ。

もちろん、トランプの排外主義的傾向を心配する声は強い。この点、面白いことに日本人以上に在米華人が批判の声を上げている。

というのも、**親中共の中国人はアメリカの人種差別問題にきわめて敏感**だからだ。特に中国系が不利益を被るようなことがあれば、たちまち抗議運動を起こす。中国を批判するようなテレビCM、あるいは中国系アメリカ人の警官が裁判で不利な判決を受けたら、まるで天変地異でも起きたかのような大騒ぎになるのだ。

逆に、私のような**親民主の中国人は人種差別問題にそれほど敏感ではない。**無論、「人種差別がいい」などと言いたいわけではない。克服しなければならない問題であることも知っている。ただ、解決には長い時間が必要であり、アメリカ社会が努力を続けていることを正しく理解している。アメリカの法律、そして会社や学校の規則が、人種差別を厳しく禁止していることも承知している。

むしろ、**人種差別を野放しにしているのは中国だ。漢民族がチベット族を、都市人が農民を、カネ持ちが貧乏人を差別**している。中国と比べれば、アメリカの人種差別などたかが知れている。だから親民主の中国人は、声高にアメリカを批判することはないのだ。

中国には、中国人とアメリカ人の〝差別観〟の違いを皮肉った、次のようなネットジョークがある。

「華人が最も差別されている国はどこだろうか？」との質問があった。

1．華人が選挙権と被選挙権を奪われている国は？

2．デモやストライキなど集会の自由がないのは？

3．言論の自由とネットの自由が奪われているのは？
4．国家指導者と与党を批判することが禁止されているのは？
答えは「すべて中国」だ。

中国人が最も差別され、権利を侵害されているのは母国、中国でのことなのだ。中国共産党は、他国から人権侵害を受けるたびに過敏に反応する。毎年、ご丁寧にも「アメリカ人権白書」なるものを刊行して、アメリカには多くの人権侵害があると宣伝しているほどだ。だが、本当の意味で人権を侵害し人種を差別しているのは、中国にほかならない。

リアルニュースを取り締まり、フェイクニュースを流す政府

トランプ政権の誕生とともに、ここ数年、民主主義を揺るがす事態として注目されているのが「フェイクニュース」だ。2016年の米大統領選ではトランプ陣営、クリントン陣営ともにフェイクニュースを使って相手を攻撃した。しかも、それればかりではない。マスメディアも勇み足というべきか、事実ではないニュースを流している。
『ニューヨークタイムズ』は、17もの政府部局が選挙に関連してロシアのサイバー攻撃を

受けたと報じたが、のちに攻撃の事実が確認できたのは4カ所のみと訂正。CNNは、トランプ氏の部下がロシアと連絡を取り合い、資金を受け取っていたと報じたが、やはりのちに信憑性が欠けているとして撤回した。

報道にかかわった記者3人が辞職したが、うちひとりはピューリッツァー賞を受賞した著名記者だ。このように故意に虚偽の情報を流すフェイクニュース、不確実な情報、誤報が入り乱れる状況が続いている。

「こうした事実とは異なる虚偽の情報に、大衆は踊らされてしまう。だから民主主義は脆弱だ、無意味だ」

そう主張する人もいるようだ。あるいは「中国のようにSNSを検閲し規制するべきだ」との意見もある。だが、これは明らかに論理の飛躍というべきだろう。中国には**「因噎廃食」**（噎《えつ》に因《よ》りて食《じき》を廃《はい》す）、つまり「のどにつっかえるから食事をしない」という意味のことわざがある。問題があるからといって、必要なことまでやめてしまう愚かさを示す言葉だ。フェイクニュースが横行しているからといって、民主主義が無意味なわけではない。報道と言論の自由が不必要というわけでもない。

言論に一定の規制をかけるとするならば、誰が規制するかが問題だ。中国を見てもわかるとおり、規制の主体は政府になるだろう。そして政権に有利なウソは見逃され、不利なウソは厳しく取り締まるというダブルスタンダードが生まれる。

しかも、それだけではない。**中国政府は「虚偽の情報は取り締まる」と言いながら、自ら日々、大量のフェイクニュースをつくり出している**。そして、真実を知り不正を告発した者は捕まり迫害されている。こうした現実からもわかるように、**政府によって言論を規制させてはならない**のだ。

もちろん無制限にフェイクニュースを流し、人々が暴走するようなこともあってはならない。虚偽の情報で大衆が動員され、政治を動かす。民主主義の国では「ポピュリズム」として恐れられている事態だ。

一方、政府が統治のために大衆を利用するケースもある。中国では、文化大革命をはじめ、〝いきすぎた大衆運動〟が多くの悲劇を生み出してきた。だからこそ、ポピュリズムや人民運動を抑止するのは政府の強権ではなく、民主主義的な法律や言論でなければならない。「独裁か、それともポピュリズムか」の二択ではなく、あくまでバランスのとれた民主主義を構築する営みこそが重要なのだ。

私は何も「民主主義は万能だ」などと言いたいわけではない。「民主主義さえあればすべての問題が解決する」などと考える夢想家でもない。そうではなく、話し合い、投票、法律といった〝民主主義のメカニズム〟こそが、問題解決のための基盤としてきわめて重要だということを言いたいのだ。**独裁国家では、トップの判断だけで物事が決められてしまう。その結果生まれるのは不公平と汚職**なのだ。

〝ユーチューバー大富豪〟によるウソまみれの「トークショー」

こうした「フェイクニュース」とどう向き合うべきなのかは、我々、在外の活動家にとっても重大な課題だ。まっとうな民主活動家は、虚偽の情報を使って中国共産党を批判したり、統治の動揺を狙ったりすることには否定的である。**誤った手法を使えば、正しい目的には決してたどり着かない**と信じているからだ。

一方で、「目には目を。歯には歯を」とばかりに、中国共産党がフェイクニュースを流している以上、こちらも同じように虚偽の情報を使うべきだと考える人もいる。

代表的な事例が、本書でもすでに少し触れた、アメリカで実質的な亡命状態にある中国人大富豪、郭文貴だろう。彼はツイッターやユーチューブなどネットを駆使して、思わせぶりに中国共産党の汚職や腐敗について膨大な情報の〝トーク〟を行っている。**なかには事実もあるのかもしれないが、ほとんどが虚報**だ。

少しでも知性がある人間ならば、郭の発言はウソにまみれていることなど容易に気づく。

だが、

「たとえウソであっても中国共産党にとって不利益、不名誉な話であればそれだけでいい」

「民主化にとってはマイナスかもしれないが、気持ちよく共産党を罵っている言葉を聞ければそれだけで爽快だ」

と考える人々が、ファンとなり彼を支えているのだ。

郭のような、いかがわしい人物が支持を集めるのは残念な話だが、これも中国共産党が自ら招いたことである。唐代の漢詩「焚書坑《ふんしょこう》」に「坑灰未冷山東乱、劉項原来不読書」（焚書の灰がまだ冷めやらぬうちに山東に乱が起きる、劉邦も項羽も本を読んだことなどないからだ）との一節がある。

秦の始皇帝は「焚書坑儒《ふんしょこうじゅ》」を行い、自らに批判的な知識人を殺し、大切な書物を燃やし尽くした。ところが治世は安定するどころか、劉邦と項羽という豪傑が現れ、秦は滅亡へと向かうことになる。冷静で理知的な批判者を殺した結果、残ったのは本を読んだことがないような野蛮な武人だけというわけだ。

この状況は、今の中国にもぴたりと当てはまる。劉暁波のような教養ある反体制知識人を弾圧し抹殺したところで、中国共産党の治世は安定しない。それどころか、逆に郭文貴のような、手段を問わない暴れん坊を登場させてしまったのだ。

「習近平の愛人問題」というゴシップから学べること

一方、日本の中国報道、とりわけ政局報道にも事実からかけ離れた内容が多いという話を聞いた。もっとも私は、故意に虚偽の情報を流しているというよりも、誇張して書いているだけではないかという印象を持っているが……。

いずれにせよ、そこにはひとつの大きな要因がある。中国共産党はきわめて閉鎖的な組織であり、内部の情報を得るのは困難だ。私には内部情報を伝えてくれる情報源があるが、それでも不明瞭な点は少なくない。ましてや、外国人にとって情報入手の難易度はなおさら高くなるだろう。

そこで日本のメディアは、香港メディア発の情報を参照する。ただし、**一口に香港メディアといっても、きちんと取材して裏を取って報道しているメディアがある一方で、ごく少数とはいえ〝売らんかな〟の精神で、適当なことを書き散らかしているメディアもある。**

また中国共産党の各派閥が、香港メディアを通じて虚偽の情報を流し、対立派閥の足を引っ張ろうとすることも多い。長年、中国の政治について分析してきた私には真偽の見当がつくが、そうした資質がない記者ならば、香港発の虚偽情報に惑わされてしまうのも無理からぬところだ。

たとえば、香港の銅鑼湾書店《コーズウェイベイブックス》[15]をめぐる事件の引き金となった『習近平と愛人たち』という本がある。私は作者と面識があるが、実は同書の内容は大半が捏造だ。銅鑼湾書店の経営者とも面識があるが、彼はカネを稼ぐために虚偽の内容と知りつつも政治ゴシップ本を売ってきた。

「中国共産党が言論の自由も出版の自由も尊重しないから、〝報復〟として捏造本をつくっているんだ」

実際、こんなことを話していた。こうした本の読者は、郭文貴ファンと同じく、読んで楽しければ真偽など気にしないという人たちだ。ちなみに、こうした本を書いているのは、ほとんどが海外へ脱出した中国人だ。香港で生まれ育った人々は、こんな愚かなビジネスには手を染めない。

中国共産党は『習近平と愛人たち』の出版計画を知り、習の名誉を守るために出版を差し止めしようとし、口止め料として出版社に50万ドルを支払った。このカネのうち45万ドルは銅鑼湾書店の経営者である桂民海《グイミンハイ》[16]が受け取り、残り5万ドルはアメリカに住む作者が受け取った。

ところが、桂は欲をかき、この本を別の出版社から出版しようとたくらむ。タイトルも

15. 銅鑼湾書店　中国共産党に批判的な書籍を扱う香港の書店。香港で2015年10月、銅鑼湾書店の店長などが行方不明になる事件が発生。8カ月後、行方不明になった関係者は、中国当局によって拘束されていたことが判明した。

『習近平とその6人の愛人』に変えて、だ。これに怒った習近平が桂を拉致するよう指令して、銅鑼湾書店事件が起きたのだ。中国共産党の検閲、口封じ、拉致は許されることではないが、口止め料をもらいながら、なお出版しようとする桂と作者のごう欲さも褒められたものではない。

こうした政治ゴシップ本は人気が高く、何十万部という売れ行きを誇る。これも中国共産党の一党独裁の弊害だろう。報道の自由がなく、政界、政局に関する情報がない。そこで興味を持つ人たちが、派手に状況を煽る政治ゴシップ本に手を出すのだ。

中国には「地攤文学《ディータンウェンシュエ》」（露店文学）という言葉がある。道のかたわらでゴザを広げ本を売る、青空書店の意だ。そこでは、表向きは中国国内で流通している本を売っているが、実はこっそりと政治ゴシップ本などの禁書を販売している。

こうした俗悪な本を、まっとうな民主化運動関係者が信じることはない（単に「中国共産党の悪口が書いてあればそれで満足」という〝ナンチャッテ活動家〟ならば読むだろうが……）。主な読者は、中国本土の政治に関心を持つ一般人だ。

こうした事情があったため、銅鑼湾書店事件に対して海外民運はどう向き合うべきか議論となった。捏造本を出している書店など助けるべきではないとの意見もあったが、香港の法律を踏みにじる「拉致」という手法をとった中国共産党を批判し、銅鑼湾書店関係者

16. 桂民海（Gui Minhai）　1964〜。出版社勤務後にスウェーデンに留学。天安門事件後に同国の国籍を取得。事業家として成功する一方、文筆家としても活躍。2014年に銅鑼湾書店を買収。翌年、タイに滞在中に失踪、その後中国当局に拘束されていることが明らかとなった。17年に保釈された。

を支援するべきだとの意見もあった。

私は後者に属する。**銅鑼湾書店のやり方は問題があったとはいえ、誹謗中傷の罪など香港の法律で十分解決できたはず**だ。超法規的手段で香港の法律を踏みにじった中国共産党を許すべきではない。

カネと嫉妬と不信感から生まれる足の引っ張り合い

ここまで、在外華人社会のさまざま問題について取り上げてきた。おわかりのように、一口に在外華人といっても千差万別だ。親中共と親民主で分かれるうえに、親民主の大多数は中国共産党を恐れて黙っている人々で、実際に集会やデモに参加する者、すなわち海外民運のメンバーはごく一部にすぎない。

問題は、海外民運内に多くの派閥がありバラバラだという点にある。反中共という目的と民主主義の理念では、皆が一致しているにもかかわらず、だ。

団結できない理由はいくつかある。スパイによる分裂活動が盛んであることはすでに述べた。それ以外にも、民主化運動のリーダーたちの間にある不信感や嫉妬が問題だ。**「北京の春[17]運動」を主導した魏京生《ウェイジンション》[18]と「八九民主化運動」のリーダーである王丹は、今ではお**

17. 北京の春　1978年秋頃から1979年3月まで展開された北京市の通称「民主の壁」での大字報（壁新聞）による中国民主化運動（「民主の壁」運動）のこと。中共独裁の問題などを批判した。運動はリーダーのひとりであった魏京生の逮捕で終息。

互いに言葉すら交わさないほどの不仲となっている。

また〝派閥〟という悪弊もある。「人は3人いれば派閥が生まれる」というが、まさにそのとおり。「性格が合う、合わない」といったくだらない理由やら、誰が主導権を握るかという争いやらで、海外民運は多くの組織、派閥に分派している。

アメリカには「全米民主主義基金」（NED）という、他国の民主化を支援するNPO（民間非営利団体）がある。**各組織は資金援助をNEDに申請しているが、その際に繰り広げられるのが、互いの足を引っ張り合う醜い争い**だ。

1989年の天安門事件後はNEDを含め、多くの国々が海外民運を資金的に援助していた。しかし、そうした足の引っ張り合いに嫌気がさして援助を削減したり、中止したりしたケースが少なくない。実際、今やほとんどの海外民運団体にとって、こうした支援は主要な資金源たり得なくなっている。

私も海外民運団体の醜さをよく知っている。アメリカに亡命してすぐ、海外民運団体に所属した。「民運海外聯席会議[19]」という、魏京生を中心としたグループだ。その後、王丹のグループにも所属し、初代の事務局長も務めた。だが、どちらも早々に離脱した。嫉妬や衝突ばかりが続く世界がほとほとイヤになったのだ。

その後はどこにも所属せず、個人の身分で活動してきた。おかげで、面倒なトラブルに

18. **魏京生（Wei Jingsheng）** 1950〜。文革期は中国人民大学附属中学校で紅衛兵として活動。73年から北京大学で歴史を学ぶ。「民主闘士」と称された中国民主化運動のシンボル的存在。

巻き込まれることもなく、執筆のための時間も確保できるようになった。また、団体には必ず仲の悪いグループがあるものだが、個人ならばすべてのグループと全方位外交で付き合っていられる。

ノーベル平和賞受賞者・劉暁波の死が持つ本当の意味

海外民運にとってきわめて残念なのは、2017年7月のノーベル平和賞受賞者でもある劉暁波の獄死だ。ちなみにノーベル平和賞受賞者の獄死はナチス・ドイツに迫害されたカール・フォン・オシエツキー（1938年没）以来ふたり目となる。彼が生きていれば、海外民運は結集し、力を発揮できたはずなのだが。それを恐れたがゆえに中国共産党が殺害したに違いない。

南アフリカのネルソン・マンデラは、のちに民主化された南アフリカ共和国の大統領となった。ミャンマーのアウン・サン・スー・チーも、国のトップに立った。チベットのダライ・ラマは、世界に影響力を持つ重要人物となった。世界の人々はノーベル平和賞受賞者を尊敬しているが、中国だけは自国からこのような人物が現れてはならない、もし現れたならば殺すしかないと考えたのである。

19．**民運海外聯席会議**　1998年11月7日にカナダで設立された民主運動組織。以後、アメリカやイギリス、ドイツや北欧など、世界各国で支部が創設されている。魏京生が会議主席を務める。

世界はノーベル平和賞という〝看板〟が、劉暁波の身を守る〝盾〟になると考えた。だが、現実は逆だった。

中国共産党はそう決めたのだ。**「こんな危険な人物は殺すしかない」**

彼らは「劉暁波は最良の治療を受けている」と発表してきた。栄養十分な食事を与え、最高の医療機関で検査も実施している。本や新聞を読めるようにし、肉体労働も強要していない。そう発表してきたのだ。国際社会もその言葉を信じた。

だが、もし本当に最良の医療機関で検査と治療を受けていたならば、突然、末期の肝臓がんになるなどということがあるだろうか。当たり前の話だが、肝臓がんは一夜にして末期まで進行するような病気ではない。本当に健康診断をきちんと行っていたならば、間違いなく早期発見ができていたはずだ。彼らの口先だけの説明は、逆に劉暁波を殺害した証明ともいえる。

では、どのようにして殺害を試みたのか。ひとつは**劉暁波の身体的異変を察知しながらも、末期の肝臓がんになるまで治療せずに放置し続けた**ということが考えられる。自らの手を汚したわけではないが、死に至ることを知りつつ放置した〝間接的殺人〟だ。

ふたつ目の可能性は、**肝機能の衰退を知り、がんを誘発するような薬剤を投与して、肝**

臓がんをつくり出したというもの。劇薬、毒薬を使用するのは、あまりにもあからさまだ。だから、**何年もかけて病気にかかったかのように見せかけて殺害**するという〝直接的殺人〟が行われたのだ。

ノーベル平和賞受賞者が末期がんになったとのニュースを受け、アメリカやドイツは先端的な治療を施したいと手を上げた。家族も出国を望んでいたが、中国政府はこれを許さなかった。もし、海外で治療を受けたならば、がんを誘発する薬剤を投与していたことがばれてしまうからではなかったか。また、劉暁波の死後、中国政府は遺族の反対もかえりみず、速やかに火葬し海洋散骨を行った。これもまた証拠隠滅が目的ではないのだろうか。

もうひとつ、中国政府は〝聖地〟をつくりたくなかったのだろう。劉暁波の墓ができてしまうと、その場所が中国の民主活動家にとっての〝聖地〟となってしまうからだ。だから劉暁波の遺体は、異様な早さで海洋散骨されなければならなかった。まさに「徹底的な邪悪」と呼ぶにふさわしい発想だ。

中国共産党が情報を公開しない限り、間接的殺人と直接的殺人、どちらの手法がとられたのかは藪の中だ。だが、いずれにせよ、彼らが劉暁波を殺したことに疑いの余地はない。

習近平と毛沢東と曹操の共通点とは何か？

日本の読者には、こうした話をにわかには信じられない方もいるだろう。だが、このような残忍な手段は、中国共産党の歴史においてすでに実施されている。

1976年、死期を悟った毛沢東は華国鋒《ホワグォフォン》[20]を後継者に指名した。だが、華国鋒は傀儡にすぎず、本当は自身の妻の江青《ジャンチン》[21]に権力を継承させるつもりだった。江青の次はおいの毛遠《マオユエン》新《シン》[22]が継承する。すなわち、**毛沢東一族が権力を世襲するつもりだった**のだ。

そのためには邪魔者を消す必要があった。ターゲットとなったのは、建国の功労者である朱徳《ジューダー》[23]と周恩来《ジョウアンライ》[24]首相だ。彼らふたりは人望が厚い。毛沢東が後継者を定めても、彼らが生きている限り、ひっくり返される可能性があると考えたのだ。だから、自分より先に死んでもらわなければならない……。

では、毛沢東はどのような手段をとったのか。

周恩来殺害の手段は治療放棄だった。周恩来は膀胱がんを患っていたが、治療を許されず、ついには悪化して死去してしまったのだ。

一方、朱徳を殺した手段はもっと残忍である。高齢の朱徳を、外賓との会見という名目

20. 華国鋒（Hua Guofeng）　1921～2008。毛沢東死後の最高指導者。国家主席、中央軍事委員会主席、国務院総理（首相）などを務めた。

21. 江青（Jiang Qing）　1914～1991。毛沢東の4番目の夫人。文革末期、王洪文・張春橋・姚文元と「四人組」を形成し、中国共産党内で影響力を振るったが、毛沢東の死後に逮捕、投獄され、死刑判決を受ける。無期懲役減刑の後、病気治療仮釈放中に北京の居住地で自殺。

で人民大会堂に呼び出した。そして、外賓の到着が遅れているとウソをついて待たせ、その間クーラーを入れずに汗だくにさせたのだ。さらにその後、クーラーを最低温度に設定し、体調を完全に狂わせる。若者ならばいざ知らず、90歳の老人にはとても耐えられぬ仕打ちだった。

帰宅後、**朱徳は体調を悪化させて病院に運ばれた。ところが、病院に保管されていたはずの朱徳のカルテが見つからない。医者はそれを理由に治療せず、3日後に彼は死亡**した。朱徳の妻、康克清《カンクーチン》[25]は間違いなく暗殺だったと語っている。しかし、「真相は闇に葬られ続けるだろう」とも漏らしていた。

習近平は毛沢東を模倣している。自らの権力をおびやかす人物はすべて失脚させ、殺害しているのだ。

習の権力を守るためには劉暁波を殺さざるを得ないが、しかし獄死されたらは英雄になってしまう。そのために、手の込んだ手法をとらざるを得ない。本来であれば、そのために頭を悩まさなければならなかっただろう。しかし中国のトップの場合は、その必要などない。なぜなら、**古代から連綿と受け継がれてきた「帝王術」には、〝悪辣〟としか言いようのない数々の手段が収められている**からだ。

たとえば、ライバルを殺しまくった人物といえば、日本でもよく知られている三国志の

22. 毛遠新（Mao Yuanxin） 1941〜。毛沢東の甥。文革期の政治指導者。
23. 朱徳（Zhu De） 1886〜1976。林彪らとともに十大元帥のひとり。人民解放軍総司令などを歴任。「建軍の父」とも呼ばれている。

曹操《そうそう》が挙げられる。彼は反逆する可能性がある人間を皆殺しにした。唯一、難を逃れたのが無能の臆病者を装った劉備《りゅうび》だった。劉備は蜀漢《しょくかん》の皇帝となり、曹操と天下を争うライバルとなる。「あのとき、殺しておけばよかった」と曹操はほぞをかんだことだろう。

この教訓を習近平はよく学んでいる。わずかたりとも将来の憂いとなるような人物は、習近平の粛清の刃から逃れることはできない。劉暁波も、そのひとりだった。

闘い続けた殉教者が遺した貴重な教え

劉暁波は高潔なる思想家だったが、彼の持つ価値はそれだけにとどまらない。彼はいわば天安門事件の象徴だ。彼はノーベル平和賞を個人として受け取ったのではない。1989年に亡くなったすべての人々、子どもを亡くした天安門の母たち、事件後も中国の民主化をあきらめずに闘う民主化運動闘士、それらすべての人々の代表として受賞したのだ。

では、私は劉暁波の思想をどのように評価していたのか。

まず言えること、それは、劉暁波は比類なき偉大な人物だということ。私は中国で2回懲役刑を受け、計4年半を牢屋で過ごした。その後、アメリカに亡命している。一方、劉

24. **周恩来（Zhou Enlai）** 1898〜1976。49年に中華人民共和国が建国されて以来、死去するまで一貫して政務院総理・国務院総理（首相）。72年に、田中角栄首相と日中共同声明に調印した。

暁波は４回の懲役刑を受け、天安門事件以後の多くの時間を牢獄で過ごした。彼にも、アメリカに亡命するチャンスはあったはずだ。だがそうしなかったのだ。

「中国で自由を求める人々は消極的だ。だから、積極的に戦う人が必要なのだ。道に殉ずる人が現れれば、中華民族の道徳が救われる」

劉がよく話していた言葉だ。自らの言葉どおり、彼は殉教者となる道を選んだ。獄死する可能性も予見していたはずだが、それでも逃げなかった。「殉教者によって中華民族の道徳が救われる」という予言が実現するかどうかはまだわからないが、自らの信念に殉じた勇気の持ち主であったことは間違いない。

劉のノーベル平和賞受賞は、直接的には２００８年に発表した「零八憲章《リンバーシエンジャン》」の功績を認められたためである。「零八憲章」は一党独裁の終結、三権分立、民主化推進、私有財産の保護、人権状況の改善などを求める内容だ。

もっとも、この内容自体は決して画期的なものではない。台湾の知人に聞いたが、「零八憲章」の条項のほとんどが台湾ではすでに実現している。日本もそうだろう。先進国、西側諸国ならば、ごくごく当たり前の理念が書かれているだけなのだから。中国の民主派は１９８９年以来、いくつもの憲章を発表してきた。「零八憲章」もあくまでそのなかのひとつというのが、発表当時の私の認識だった。

25. 康克清（Kang Keqing） 1912～1992。中国の政治家、朱徳の妻。31年中国共産党入党。政治協商常務委員、党中央委員、人民代表大会常務委員などを歴任。82年中国婦人代表団団長として訪日。85年引退。

ただし、他の憲章との唯一にして最大の違いは、ネットで署名を呼びかけた点だ。単に自分の意見を発表しただけの話ならば黙殺するだけでいいが、〝署名〟という形で政治運動化させるならば弾圧するほかない。これが中国共産党の考えだったのだ。

こうして「零八憲章」は、劉暁波の高潔な生き様とノーベル平和賞受賞によって中国では貴重な文献となり、歴史的価値を得たのである。

P2P金融「団貸網」破綻と大規模抗議運動の意味

正直、分裂と内輪モメばかりの民主化運動の現状には、忸怩たる思いがある。**天安門事件以来約30年間、海外民運は何度も団結を試みてきたが、いずれも失敗した。中国人はエゴが強く、皆が〝お山の大将〟になりたがること、そして共産党のスパイがあらゆる場所に浸透してしまったことが要因**なのは、これまで明らかにしてきたとおりだ。

劉暁波が2010年にノーベル平和賞を受賞したとき、民主活動家たちが団結する最大のチャンスがやってきたと思った。

「ノーベル平和賞を得たことで国際的な知名度が高まれば、民主活動家たちも劉に従うようになるのではないか」

そう考えたのだ。もっとも中国共産党の非人間的な仕打ちにより、この希望がかなわなかったのは前に述べたとおりだ。中国共産党は劉を生かしておけば、民主化運動が活気づくと気づき、先手を打ったということなのだ。

中国人のエゴについてもう少し説明を加えよう。これは、いわゆる「集団精神」の欠如というものだ。

己の私利私欲を追求し、損になるようなことをしない。まったく、**中国人は合理性の権化**だ。ビジネスではこうした合理性がプラスに働くこともあるが、公益活動においては無私の心、協力する気持ちが重要なだけに弱点となる。

中国民主化運動は、今後も険しい道を歩み続けることになるだろう。活動家は中国国内と海外とに分かれているが、海外から大きなうねりを起こすことは難しい。大きな力を生み出すのは中国国内からでなければならない。

無論、現実は厳しい。**中国共産党は史上空前の監視社会を築き上げた。**社会のありとあらゆる場所に、中国共産党と中国共産主義青年団の組織が入り込んでいる。**政府だけではなく、軍、警察、学校、工場、街道弁事処（住民委員会）、村、そして外資系企業の内部にすら党と共青団の組織が入っている。まるで全身に転移したがん細胞のように、14億人に**

付着しているのだ。中国人民の抵抗は、きわめて困難だと言わざるを得ない。

ただし、まったく身動きが取れないわけではない。2017年7月、北京市では約6万人が集まる大きな抗議デモが起きた。1999年の法輪功以来の、北京での大規模抗議集会だ。主人公は「善心匯《シャンシンホイ》[26]」という団体である。彼らは慈善事業のためにカネを集め、高額の利子をつけて返すと約束していた。いわばネズミ講だ。

団体トップが摘発されたのち、彼の釈放を求めて、一般会員が抗議活動を行った。その際に「我々は共産党を擁護している」「習近平主席を支持」というスローガンを掲げていた。「共産党に楯つくつもりはない」との姿勢を示し、お上の許しを得ようとしたのだ。

こうした活動と私たち海外民運が、どう向き合えばいいのか、非常に難しい課題だ。「ネズミ講を支持するべきではない」、あるいは、スローガンからもわかるように「中国共産党を支持している人間を支援するべきではない」という意見もあれば、「彼らとて体制の犠牲者なのだから支援するべき」だという声もある。

私自身、「善心匯」を支持するべきだと考えている。スローガンは状況によって変わるものだ。**重要なのは、社会の弱者たちが生活改善を求めて動き出したこと、リーダーの逮捕に際して政府に抗議の声を上げたこと**だ。6万人を動員した組織力は称賛するべきであり、また政府に対する抗議やデモは基本的にすべて支持すべきものだと考える。

26. 善心匯 2013年に張天明によって創設された企業。寄付を行うと数十日後に利息つきでお金が戻り、紹介者は手数料が得られるというネズミ講的なビジネスで一気に拡大。出資額が少ないほどリターンが多い、貧者に優しい慈善的ビジネスとの触れ込みだった。17年に創業者が経済犯罪容疑で逮捕されると、数万人もの加盟者が釈放を求めて北京市で抗議活動を行った。

彼らのスローガンは、民主主義を求めるものではない。しかし、中国共産党の統治に対する抗議という意味では連携し得る。つまりこれは、広い意味での人権問題だと捉えるべきなのだ。

さらに、2019年4月には広東省東莞《とうかん》市で、P2P金融[27]「団貸網《トゥワンダイワン》」の破綻に関する大規模な抗議運動が起きた。原発新設や環境問題などについても中国人は敏感に反応し、ときには勇気を振り絞って抗議運動を展開している。**こと、自らの財産や権利を守ることについては、中国人はかなり勇敢**なのだ。

こうした動きをいかに拡大できるか。自分の財産、権利を守るだけではなく、他人の財産や権利をも守る社会こそが、最終的に全中国人の幸福につながるという気づきをどう与えるのか。私も微力ながら、文筆活動や講演を通じて発信していくつもりだ。

ここまで見てきたように、「海外民運」は力を失い、挽回する道は見えない。だが、私たちの志をひとりでも多くの中国人に、中国本土の人々に伝えることができれば、現時点ではそれで十分だと思っている。

中国共産党による監視社会によって、中国国内では民主化運動の灯火は消えかけている。海外民運には、再び炎を起こす力はないかもしれない。だが、志の火種を伝えることはできる。そして、いつか再びときが来たとき、火もまた再び燃え上がるのだから。

27. P2P金融　銀行や証券会社を通じて間接的に投資するのではなく、個人投資家が直接、個人や個別の案件に投資できる新しい金融サービス。中国では2010年代半ばに大流行したが、詐欺的な企業も多く、倒産が相次いでいる。

第3章

周辺を静かに飲み込む 差別、弾圧激化という「悪夢」

中国の「外」は、中国の「内」にどのような影響を与えているのか？

天安門事件という世界史的大事件が生み出した波紋。

本来ならば海外に亡命した民主化運動家がその波を大きくし、中国共産党を揺さぶらなくてはならなかった。だが、中国共産党の巧妙な分裂工作と、社会主義国家、中国で知らず知らずのうちに植えつけられた民主化運動家の〝悪癖〟によって、波は大きくなるどころか、かき消されてしまった。

では、もうひとつの「外」は、中国とどのような関係を保っていたのだろうか。

この「外」とは香港と台湾、そしてチベットと新疆ウイグルのことだ。

香港は1898年から1997年までイギリスの植民地であった。中国共産党の歴史観からすれば屈辱の中国史の一部であるが、香港市民の視点に立てばイギリス式の生活、文化を得て、民主主義の意義を知ることができた期間である。同時に香港は、〝自由の窓〟として、西側諸国の価値観を中国大陸に伝える場所でもあった。

一方、台湾は中共内戦で敗れた中国国民党が支配する領域だったが、台湾市民は民主化を求めて戦い、ついに民主選挙を勝ち取った。いまでは中国国民党と民進党の二大政党制が定着し、平和的な政権交代を2回も実現している。**台湾の成功は「中国人も民主主義を実践できるのだ」と、多くの人々を励ますもの**であった。

だが、中国人の希望である香港、台湾にも今、大きな変化が起きている。中国本土に民主主義をもたらすどころか、自らの自由を守ることすら危ぶまれる状況に立たされているのだ。

また周知のように、チベット、新疆は現在、中華人民共和国の支配下にある。しかし、そこに住む人々は民族も文化も漢民族とは違う。彼らは〝中国人〟とは異なるメンタリティを持っている。現時点では中国に組み込まれているが、チベット、新疆もまた「外」のひとつなのだ。彼らと中国の民主化運動が、どのような関係を持っているかについても、この章で取り上げていこう。

中国共産党の狙いは若者たちの参政権剝奪

今、香港の若者たちは中国の経済的、文化的侵略に強い危機感を持っている。

「私たちは中国人ではない、香港人なのだ」

そう考える〝香港人アイデンティティ〟が、かつてないほど高まっているのだ。「真の普通選挙」を求めた、２０１４年の雨傘運動の背景にあったのもこれだ。

香港という自分たちの地域を大事にしたい、守りたいという彼らの思いを私も尊重したい。その一方で、中国の民主化運動全体の観点からすると、複雑な一面もある。

元々、香港の民主派は中国本土からの移民や亡命者だ。とりわけ天安門事件以後の亡命者が、民主派の中核をなした。「香港市民支援愛国民主運動連合会」（港支連）という大型組織も結成された。彼らにとっての「民主化」とは香港だけではなく、香港を起爆剤として「中国全土の民主化」を実現することである。

だからこそ中国の人権侵害にも批判の声を上げ、毎年、天安門事件の抗議集会を開催してきたのだ。しかし、港支連のメンバーは今や高齢化が進んでいる。

香港の若者たちは民主派ではなく、「港独派」（香港独立派）、「自決派」（香港人の意思で香港の未来を決められる体制を求める派閥）を支持している。**中国と香港は別個の存在だという香港人アイデンティティが運動の基盤となっているだけに、中国本土の民主派と連携しようという意識は薄い。**

中国共産党の圧力の結果とはいえ、香港の若者たちが自ら考えたことなのだから、私には否定することはできない。いたしかたないことだと考えている。中国人は香港人に頼り切りになることはできないのだから。

だが一方で、無力感を覚えているのも事実だ。香港の若者たちにしても、今は瀬戸際にまで追い詰められている。

2016年の立法会選挙で6人の自決派、港独派議員が誕生したが、いずれも裁判所により就任無効の判決が下されてしまった。議員就任の宣誓を規定どおりに読み上げなかったことが原因だ。就任挨拶では規定の文言があり、中国に忠誠を誓うことが求められる。これを嫌って、就任演説の際に発音を少し変えたり、間を空けたりするなどして抗議の意志を示すことは、これまでにもあったことだ。もちろん、議論を呼んだものの、処罰されることはなかった。

ところが、今回は議員就任の無効という厳罰が下されてしまった。選挙という民意の結果が、いともたやすく踏みにじられてしまう。香港の「法治」が、危機に瀕していることの証しだ。

さらに、**雨傘運動から5年もたった今になっても、当時の学生運動たちのリーダーや発起人たちに次々と実刑判決が下されている。中国共産党の狙いは若者たちの参政権剥奪**だ。実刑判決を受けると一定期間、立候補の権利が失われる。今回の選挙で得た議席を失っただけではなく、次回の選挙の立候補の権利まで奪うという残忍な弾圧が現在、行われているのだ。

また就任無効となった議員の補選でも、弾圧が続いている。2018年3月の補選では「雨傘運動の女神」と呼ばれたアグネス・チョウ[1]が立候補を表明したが、選挙管理委員会は出馬を認めなかった。彼女が所属する政党「香港衆志」（デモシスト）の党綱領である「民主自決」、すなわち香港の行く末は香港人自らが民主的に決めるという項目が、香港の憲法にあたる「香港基本法」に抵触するというのだ。

「香港衆志」は、いわゆる香港独立派とは一線を画しており、「自決」というマイルドな表現を使っているのにもかかわらず、中国共産党は実力介入してきた。被選挙権の剝奪は明らかに人権侵害だ。**香港の民主主義はここに地に落ちた**といっても過言ではない。

雨傘運動の際には、香港市民の多くが学生たちを支持した。しかし、これほどの無法行為が行われているにもかかわらず、香港世論は今、沈黙している。

つまり、雨傘運動は感情のピークだったということだ。無論、ピークを過ぎれば下降線に入る。次に感情を爆発させられるようになるまでには、何年もの時間が必要だろう。いかに強圧的な仕打ちを受けようとも、社会の感情が沈滞している状態では、なかなか個人の気持ちを奮い立たせることはできないのだ。

俗に、**物事を成し遂げるには「天の時」「地の利」「人の和」が必要**だという。この3つがそろわなければ、大きなうねりを起こすことはできない。その意味で、香港の運動は低

1. **アグネス・チョウ（Agnes Chow Ting、周庭、ジョウ・ティン）** 1996〜。香港の社会運動家。2012年に高校生の政治団体「学民思潮」に加入。14年の雨傘運動では学民思潮のスポークスマンとして活動、「雨傘運動の女神」と呼ばれた。16年には政党「香港衆志」の創設メンバーに。18年、議会補選に立候補表明するが、選挙管理委員会に認められず出馬できなかった。

迷期にあるといえよう。確かに中国共産党の横暴ははなはだしいが、幾度となく繰り返されたため、香港市民はもう慣れてしまったのだ。すべての横暴にいちいち反応することはできない。

香港の〝現状〟を必死で守る「紅い貴族」たち

かつて自由を謳歌した香港メディアすらも、今や中国に支配されつつある。メディアの35%は中国資本であり、メディア企業の管理職は85%が親中共派である。書店も大手書店チェーンはすべて中国資本になってしまった。

中国政府に批判的な書籍は、こうした書店では販売できない。反体制指向の本を買いたければ、小さな自由派の書店を訪ねる必要がある。自由派の書店は路面店を構える経済力がなく、たいがいビルの2階にあるため、「2階書店」と呼ばれている。

中国共産党の香港支配には3つの手段がある。経済とメディア、そして軍隊だ。これらの力を駆使して、香港を強圧的に支配しているのだ。

香港は自由経済都市だ。1997年の香港返還後、中国共産党の官僚たちはこの自由経済都市という特長を生かして、自らの蓄財に励んだ。マネーロンダリング、贈収賄、土地買収、株式新規上場に伴う利益獲得などなど……。とにかく、さまざまなルートを通じて、莫大なカネが中国共産党高官の懐に流れ込んだ。

彼らの不正蓄財の多くは闇に隠されているが、それでもいくつかの実態が明らかとなっている。ひとつは不動産だ。**2009年の時点で、中国共産党関連が持つ香港の不動産は全体の9%にすぎなかったが、現在ではこの数字は50%にまで上昇**している。

香港人が生活において一番不満に思っているのは、不動産価格の高騰だ。ウサギ小屋のような狭いマンションが数千万円、いや1億円を超えることすら珍しくない。一般人には、とても手の届かない金額だ。安い公共住宅も存在しているが、その数はまったく足りていない。

しかも、中国本土から続々とやってくる新たな居住者たちと、公共住宅の奪い合いとなっている。狭い香港だから、「土地価格が高騰するのも無理はない」と思われるかもしれないが、価格高騰の最大の要因となっているのが、中国共産党高官の不正蓄財に絡む不動産購入なのだ。

不動産とともに、中国共産党高官の〝打ち出の小づち〟となっているのが株だ。**今や香港証券取引所に上場している企業の62%は中国本土の会社であり、株取引高の73%を占めている。**

中国共産党高官、いわゆる「紅い貴族」たちは、打ち出の小づちである香港を支配しなければならない。これ以上の民主化を許せば、自分たちの財産が失われてしまうかもしれないという危機感から、香港に対して強硬姿勢を貫いているのだ。

香港の行く末は決して楽観視できない。香港の富豪、李嘉誠《リージャーチェン》[2]が、保有する香港の不動産を手放しているとのニュースがその証左だろう。中国とのパイプがある李ですら、香港の財産を処分しているのだから、一般市民の財産が守られる保証などどこにもない。

さらに今、多くの市民が香港から脱出しつつある。香港返還があった1997年、そして、国家安全にかかわる罪を香港基本法に書き入れようとした「基本法23条[3]反対デモ」が起きた2003年に続く、3度目の香港脱出ブームが起きている。この動きを中国共産党は静観している。なぜか。

「香港人を追い出したあとに中国共産党関係者が移り住めばいい」

「これを機に香港を乗っ取ろう」

と目論んでいるからである。

2. 李嘉誠（Li Jiacheng） 1928〜。香港最大の企業集団・長江実業グループ創設者兼会長。米『フォーブス』誌の2013年度世界長者番付によれば、資産310億米ドル、世界8位の富豪である。

3. 基本法23条 香港の憲法である「基本法」に記された政権転覆や国家分裂の反体制行為を禁じる23条を具現化するための条例草案のこと。

テリー・ゴウが台湾総統になるという2020年の悪夢

香港同様、台湾も危機にさらされている。

2016年の総統選で民進党が勝利した。蔡英文《ツァイインウェン》[4]総統は独立の主張を封印し、中国本土と現実路線で交渉しようとしているが、中国共産党は強硬姿勢で臨んでいる。前の与党であった国民党と同じように「ひとつの中国」原則を明言しない限り、台湾に対しては厳しい姿勢をとり続けるだろう。

今や日本も中国人観光客であふれかえっているが、この観光客ですら中国共産党にとってはひとつの〝武器〟だ。台湾に対して観光ツアーの旅客数を絞ることで、経済的圧迫を加えている。しかも、**民進党支持が強い台湾南部には観光客を行かせず、国民党の地盤である北部には一定の観光客を送り込むといった分断戦略**までとっている。さらに、企業間の経済協力、取引にまで干渉し、学術交流も断つなど、多方面から包囲網を強化し続けているのだ。

まったく卑怯きわまりない策略だが、効果は着実に上がっている。2018年11月の台湾統一地方選では、国民党が圧勝した。しかも**民進党の牙城である南部の高雄市市長選で、**

4. 蔡英文（Cai Yingwen） 1956〜。国立台湾大学法学部を卒業後、米コーネル大学ロースクールで法学修士、英ロンドン・スクール・オブ・エコノミクスで法学博士号を取得。中華民国総統。民主進歩党主席、行政院副院長（副首相級）などを歴任した。

国民党の韓国瑜《ハングォユー》[5]が勝利するというサプライズもあった。高雄市では20年にわたり民進党が市長を輩出してきたのだ。よもや高雄市で国民党が勝利するとは、誰も予想できない事態であった。

前述のとおり、中国共産党は民進党の地盤に対しては特に厳しい経済的圧力をかけている。こうしたなか、**イデオロギーを捨てて、中国に接近して金儲けをしようという韓の主張が支持された**のだ。市長当選が決まったのち、韓は支持者を前に「貧困の日々は終わった。(高雄を)台湾一の金持ちにするぞ!」と叫んだという。

何ともあさましい言葉だが、高雄市民は責められない。「衣食足りて礼節を知る」というではないか。中国の兵糧攻めに苦しんだ人々を、悪く言うことはできないだろう。

2020年に予定されている総統選では、韓が出馬する可能性も取り沙汰されている。世論調査では出馬すれば有力候補になることは間違いないようだ。馬英九《マーインジウ》[6]前総統時代も中国と接近して実利を引き出す対中政策を行ったが、韓が総統に就任すれば、それ以上に接近する可能性が高い。国民党本流で、中華民国の一員としての意地を持つ馬英九とは異なり、韓は根っからの商売人で、意地や誇りなど持たないからだ。

さらに鴻海《ホンハイ》精密工業のテリー・ゴウこと郭台銘《グォタイミン》[7]会長が、総統選の国民党候補者レースに名乗りを上げた。シャープの買収で日本でも広く知られるようになった郭だが、中国政府

5. 韓国瑜(Han Guoyu) 1957〜。河南省出身。国共内戦終結後、軍人だった父に連れられて台湾に移り住んだ。大学教員を経て政界に進出。その後、農作物卸売企業のトップを務めたのち、2018年の高雄市長選に出馬。民進党の牙城と呼ばれた高雄で勝利を収め、一躍20年総統選の国民党有力候補に躍り出た。

と蜜月関係にある。中国に巨大工場をつくり、安い労働力を活用して、ｉＰｈｏｎｅなどの電機製品を組み立てるＥＭＳ（電子機器受託製造）で会社を成長させてきた。

現時点では、韓国瑜と郭台銘が２０２０年の総統選において、一、二を争う有力候補だというのだから気が滅入る話だ。

小狡くカネを儲けようと思えば、まさに中国共産党の思うつぼだ。カネで飼い慣らされ、中毒になり、気がつけば、何ひとつ反論できないようにされているだろう。香港のように、**表向きは繁栄していても稼いでいるのは中国共産党の紅い貴族たちばかり**、ということになるのは間違いない。

その一方で、近年、香港と同じく台湾にも、台湾人アイデンティティが芽生え始めている。自分たちは〝中華民族〟の一員ではなく、〝台湾という固有の地域の人間〟だという意識だ。

古い世代の台湾人は自分たちを中国人だと考えていた。しかし、第2章でも紹介したように、「天然独」（生まれた時点で台湾が実質的な独立状態にあった世代）と呼ばれる若き台湾人にとっては、中国と台湾は別物だ。彼らの望みは台湾の独立、または現状維持であり、中華民族全体の民主主義国家を生み出すことではない。そのため、やはり中国の民主化運

6. 馬英九（Ma Yingjiu） 1950〜。ハーバード大学で法学博士号。中華民国総統（第12、13代）を務めた。対中関係の緩和政策によって台湾の経済回復を進めた。2009年、台風災害に対する政府の被災地での救援活動の遅れで民意を失い、16年、蔡英文にその座を譲った。

動とは距離を置いている。

ちなみに、台湾の天然独と香港の港独派には大きな違いがある。台湾には過去400年間にわたり、独立建国を夢見る「台湾の夢」があった。清朝以来の400年間にわたり、常に外来政権に支配され続けてきたのだ。

2016年の選挙で民進党が勝利したのは、単なる中華民国の政権交代というよりも、400年間にわたる台湾自決の夢が実現したと考えるべきだろう。ただし、その「夢」も中国の圧力によって早くも風前の灯火だが……。

一方、香港にはもともと独立運動はほとんど存在しなかった。イギリス植民地時代は、その地位に満足していた人が大半であり、中国に返還されたあとも、いずれ中国本土も香港のように民主化されると楽観的に考えている人ばかりだったのだ。ところが現実は正反対で、香港の〝中国化〟が進み、自分たちの民主主義がおびやかされる事態となった。

この状況を受けて、新たに台頭したのが港独派、自決派だ。「共産党の統治を認めない」「香港人は香港のことだけを考え中国とはかかわりたくない」と考える人たちである。新たな思想潮流だが、今では香港の若者の40%が支持しているという。これまで独立運動がなかった香港に独立を求める声が生まれたのは、ひとえに共産党による強権的支配がゆえ。そのため、**中国共産党こそ香港独立の父**だと私はひそかに敬意を表している。

7. 郭台銘（Guo Taiming） 1950〜。台湾の実業家。通称テリー・ゴウ。世界の大手メーカーの電子機器の組み立て代行を請け負い、会社を成長させてきた。2016年のシャープ買収で日本でも知られた存在に。「民主主義では飯を食えない」など、経済最優先の発言を行っている。

放置され続けた廃車が一瞬で撤去されたわけ

さて、中国はもともと香港に適用した一国二制度の枠組みを援用して、台湾との統一を果たすつもりだった。だが、この提案は台湾側からすれば何の魅力もないため、実現の可能性はゼロに等しい。香港の法治が踏みにじられている現状ではなおさらだ。

中国がいかに強大化したといっても、武力統一は難しい。台湾の背後にはアメリカが控えており、手出しをすれば黙ってはいない。1995年から翌年にかけての「台湾海峡危機[8]」では、中国は台湾近海でミサイル発射演習を実施し、圧力をかけようとしたが、アメリカが空母2隻を派遣して台湾を防衛する姿勢を示したため、その目論見はくじかれた。

代わりに中国が狙ったのは、カネによる懐柔だ。台湾との経済関係を活発化し、中国への依存度を高めれば、自分たちの意に背くことはできなくなると考えたのだ。

2008年に誕生した台湾の馬英九政権は、中国と接近することで経済的果実を味わおうとした。次々と経済関係を強化していったが、この路線に台湾人は最終的に「ノー」を突きつける。

中国企業による台湾への投資など、広範な分野での規制緩和を含んだ「両岸経済協力枠

8. 台湾海峡危機　1950年代から1990年代にかけて中国（大陸）と中華民国（台湾）の間での軍事的緊張状態の総称。四度にわたり緊張が高まったが、アメリカの介入などにより全面戦争には発展しなかった。

組協議」（ＥＣＦＡ）の締結が決まったが、政府の意向のみで民意が反映されていないと若者たちが激怒。２０１４年春には議会を占拠する「ヒマワリ学生運動」[9]が勃発した。台湾市民の多くも学生たちを支持し、ついにＥＣＦＡは頓挫。馬英九率いる国民党は支持を失い、２０１６年に行われた総統選で敗れてしまう。

こうして、**中国共産党の甘い誘いに対し、台湾人は明確に反対の意思を示した。**ただし、そもそも今の中国共産党に統一を口にする資格があるだろうか。中国のネットには次のようなジョークがある。

台湾人、香港人に中国人になれっていうのかい？
でもさ、中国共産党のお偉いさんは家族を外国に移住させて、自分も外国のパスポートを持っている。自分たちが外国人になろうっていうのに、台湾人や香港人に中国人になれと命令するのはおかしな話じゃないか。

中国の汚職官僚たちは、いつも不安を抱えている。たとえ今は優雅で豪勢な暮らしを続けていたとしても、権力闘争の風向きが変わればいつ地位を追われても不思議ではない。そこで彼らは家族を海外に移住させ、資産も持ち出している。

9. ヒマワリ学生運動　2014年3月18日に、台湾の学生と市民らが、立法院を占拠した学生運動から始まった社会運動。

汚職官僚は〝単身赴任〟で中国に残り、せっせと不正蓄財に励み、頃合いを見計らって海外に移住するという寸法だ。外国に逃げようという官僚がごまんといる国に、統一されたいと思う人々などいるはずなかろうに。

両会（毎年3月に北京で開催される全国人民代表大会、全国政治協商会議の総称）には多くの官僚、国有企業経営者、幹部が集まるが、中国のネットユーザーは「欧米学校の保護者会」だと揶揄している。彼らの子どもたちの大半が留学しているからだ。

2012年の薄熙来事件の公判において、薄熙来の妻・谷開来《グーカイライ》[10]は「薄谷開来」という夫の名字と自分の名字を合わせた不思議な名前で出廷した。実は谷開来はシンガポール国籍を取得しており、その際に登記した名前だったのだ。

無論、谷だけではない。中国の高官と家族は、ほぼ全員が外国のパスポートを所有している。台湾人、香港人がこんな国に統一されたいと思うだろうか？

中国本土、香港、台湾の民主派は一定の連帯を持っていた。私も香港、台湾に多くの友人がいる。おのおのが目指すところが完全に一致していたわけではないが、それでもつながりはあった。だが、この絆が年々薄くなっている。特に香港と台湾の若い世代は、新たなアイデンティティに従って活動しており、目指す目標が大きく異なっている。

中国には**「人は類をもって集まり、物は群をもって分ける」**ということわざがある。日

10. 谷開来（Gu Kailai） 1958〜。北京大学法律学部卒。弁護士。86年に薄熙来と結婚。98年にアメリカの民事訴訟で中国企業を弁護し勝訴に導き、話題となる。2011年に愛人であったイギリス人ニール・ヘイウッドを毒殺。この事件が薄熙来失脚へとつながっていった。

本では「牛は牛連れ、馬は馬連れ」というそうだ。同族は自然と集まるという意味である。民主派同士は自然と仲よくなるが、新世代の独立派が中国の民主派と一線を分かつのも無理はない。それでも、中国共産党の圧倒的圧力に立ち向かっている者同士の精神的な連帯感は存在すると信じたいが……。

今や台湾の民主派が中国本土に与える影響力は、ほとんど失われてしまった。だが、それでも中国共産党は神経を尖らせている。これを的確に描いた面白いジョークがある。

河南省《かなん》鄭州市《ていしゅう》のある団地に1台の廃車が捨てられていた。住民がいくら苦情を言っても、政府は取り合ってくれない。とうとう10年間も放置されたままとなった。そんなある日、聡明な住民がいいアイディアを思いついた。その廃車に「台湾の民主は中国の灯台だ」とペンキで大書したのだ。そうすると、あっという間に廃車は撤去された。住民たちは「台湾の民主はすばらしい！　はるか彼方から私たちの団地を助けてくれるなんて」と喜び合った。

まったくの笑い話だが、中国共産党がどれほど台湾民主派による大陸への浸透を恐れているかの証左とも言えるだろう。

チベット人、ウイグル人を襲う、さらなる「弾圧」と「差別」

続いて、チベット人とウイグル人について取り上げたい。チベット人、ウイグル人はともに海外に多くの亡命者がいて、中国政府に対する抗議活動を行っている。私は彼らの組織とよく連絡を取り合い、その活動に参加する関係だ。

3月10日はチベット民族蜂起記念日だ。1959年のこの日、中国占領下のチベット自治区の中心都市ラサで、30万人とも伝えられる多くのチベット人が決起した。人民解放軍によって抗議運動は鎮圧されるが、ダライ・ラマ14世[11]は亡命し、インド・ダラムサラに亡命政府を築くことになる。

毎年、記念日には世界各国で、亡命チベット人による中国への抗議活動が行われている。私も毎年、アメリカで行われる式典に参加し、講演を行っている。また、7月6日のダライ・ラマ14世の誕生日には、こちらも毎年亡命チベット人団体が主催するパーティーに参加し、祝賀のメッセージを送っている。このほかにも、漢民族とチベット人の交流活動を主催することもある。ダラムサラを訪れ、チベット人の苦難の歴史、中国共産党による迫害を深く理解したのも古い思い出だ。

11. ダライ・ラマ14世　1935～。40年、4歳のときにダライ・ラマ14世に認定される。56年頃から始まった「チベット動乱」がラサに波及し、中国政府が鎮圧に向かうと59年インドへ亡命。ダラムサラで亡命政府を樹立し、国家元首となる。89年、ノーベル平和賞受賞。

他方**ウイグル人については近年、中国共産党による迫害が過熱している**ことをご存じの方も多いだろう。私はラビア・カーディルをはじめ、亡命ウイグル人団体の幹部と親交があり、彼らの境遇に同情し、支持を示してきた。

特に近年、中国共産党が新疆ウイグル自治区に「再教育キャンプ」を名目とした、強制収容施設を建設していることは憂慮される。なんと、**150万人を超えるウイグル人、カザフ人が収容されている**という。ナチス・ドイツのユダヤ人収容所をほうふつとさせる、人道に反する罪だ。

ただし、ナチス以上に悪辣なのは、中国共産党は監視カメラや顔認識技術などのテクノロジーを、治安維持のための道具として投入している点だ。たとえ再教育キャンプに収容されなくとも、もはや新疆ウイグル自治区全域が巨大な監獄と化している。漢民族にとっても他人事ではない。**テクノロジーによる監視という〝成功体験〟は、必ずや中国全土に展開するだろう。そう、大中国がそのまま監獄となる**のだ。

ウイグル人の苦境を見逃せば、次は漢民族をはじめ、中国に住む諸民族も同じ苦しみを味わうことになる。ゆえに、彼らを支援するのは当然のことだと私は考える。私の見るところ、過半数の民主化運動家は同じ意見を持っている。

だが、一方で私とは違う意見の運動家がいることも事実だ。

「チベット人、ウイグル人を支持すれば、漢民族からの支持を失うのではないか？」

そう思って心の内では支持していながらも、口には出さない者もいる。また、

「ウイグル人はムスリムだ。アルカイーダのようなイスラム原理主義者のテロリストではないか？」

と恐れている者もいる。ウイグル人ほど温和で、世俗化したムスリムはいないというのに……。ウイグル人が武器を取って戦うのは、中国共産党の高圧的な支配に耐えきれなくなったからだ。

ところが、それだけではない。もっと困った人々もいる。すなわち、「チベットも新疆も中国の一部である。独立など許してはならない」という考えだ。将来、中国が民主化した際にも「大一統《ダーイートン》[12]」を保つべきであり、チベットや新疆を失うわけにはいかないというのだ。

実は、こうした観念は中国の伝統でも何でもない。中国共産党の洗脳によって植えつけられた、近年生まれた意識だ。

中国共産党は独立運動に負のイメージを植えつけるプロパガンダ、洗脳工作を長年続けてきた。中国において「独立」とは汚名を着せられた言葉だ。中国語では「独」と「毒」は同じ「ドゥー」という発音になる。そこで藏独（チベット独立）、疆独（新疆独立）、台

12. 大一統　中国の歴史を有する土地は、すべて中国の領土であるという中華思想のこと。

独（台湾独立）、港独（香港独立）という略称を使うことで、**一般の中国人に独立運動を「藏毒」「疆毒」「台毒」「港毒」という悪しきものだと認識させている。**本当の毒は「共毒」、すなわち共産党独裁だけなのだが……。

さらに、中国共産党は人民に次のような潜在意識を植えつけている。

「もし中国が民主化すれば、大混乱が起きる。少数民族は次々独立し、国は分裂する」

と。このプロパガンダに多くの中国人が騙され、中国の統一を守るのは中国共産党政権しかないと信じ込まされている。いや、一般市民だけではない。**民主化運動家のなかにも、このプロパガンダに飲み込まれ、少数民族の独立に断固反対する者がいる**のだ。「国家の統一はすべてに優先する」と、中国共産党と同じことを言い出す始末だ。

彼らは無知なのだ。

もともとチベットやウイグルは、中国とは別の国だった。かつて毛沢東は、米国人ジャーナリストのエドガー・スノーにこう言った。１９３４年に中国共産党軍がチベット領内に入った際、現地のチベット人に宿を借りた。

「これが中国共産党にとって唯一の外国への借金だ」

と。**毛沢東ですらチベットは外国、独立国家だと知っていた**のだ。

民主主義や人権には少数民族の自治、自決の権利も含まれている。中国の民主化が人権の尊重を意味する以上、少数民族の権利、独立を決める権利も当然、保障するべきなのだ。漢民族の民主化運動家は中国の少数民族と連携し、中国共産党と戦うべきだ。

だが周知のように、足並みがそろわぬ間に、中国共産党によるチベット、ウイグル支配はより強固なものとなっている。かつてチベット人の多くは、ひそかに国境を越えてインドへと渡った。ダライ・ラマ14世がいるダラムサラでチベット文化を学ぶためだ。そして勉強を終えたあと、こっそりとチベットに戻り生活する。そんな者も多い。

だが現在では国境の警備はより厳格化され、さらにハイテク監視技術や密告制度を駆使することで、インドに密出国することはほとんど不可能になっている。ウイグル人の環境については先に述べたとおり、大変厳しい環境だ。チベット人、ウイグル人の抵抗活動自体も弱体化しつつある。

香港、台湾、チベット、ウイグル……。中国に「外」からの変革をもたらす可能性を持った地域だったが、今はいずれも苦境に立たされている。

第4章

豊かになればなるほど生きづらくなる「逆説の未来」

なぜか富裕層と下層の人たちが支える一党独裁体制

第2章では、天安門事件が起こした波を受け継ぐべき海外民運が、いかに挫折したかを記した。さらに第3章では、香港や台湾など中国本土の〝モデル〟となるべき中国民主化の最前線が、いかにして輝きを失ったのか、どれだけ中国共産党の圧力にさらされているかを説明してきた。

そこで本章で描くのは、ポスト天安門事件時代において、最も根本的かつ本質的な課題である。すなわち、なぜ中国人民は中国共産党の専制を受け入れているのか、という問題だ。1989年には民主を求めて立ち上がった人々が、なぜ今は立ち上がろうとしないのか。中国共産党の専制はまったく変わっていない、いや、むしろより悪化しているというのに、だ。

まず、はっきり言っておきたいのは、**中国人民の怒りは爆発寸前**だということ。中国当局の統計では2000年代後半には「群体性事件《チュンティーシンシージエン》」（デモやストライキ、暴動を意味する言葉）の発生件数が年10万件を超えたが、現在では調査そのものが中止されて正確な件数はわからない。ただ、人民の怒りのマグマは、もはや沸点に達しつつあることは間違いない。

これは、中国に関する本を読んだことがある方ならば、なじみのある論調ではないだろうか。実際、デモやストライキの頻発は事実だ。

だが、その一方で「中国庶民が自発的に習近平を支持している」という話も、聞いたことがあるだろう。果たして人民は共産党を、習近平を支持しているのか、それとも憎んでいるのか。そうした根本的な部分から、中国のことがわからないと言う人も多い。

そこで、まずご理解いただきたいのは、14億人の中国人は当然のことながら〝一枚岩〟ではないという点だ。そのうえで、富裕層、下層、中産層に分けて考えてみよう。

富裕層の多くは政府高官と企業家だ。いずれも、現行の中国共産党による統治体制から利益を受けている存在である。

政府高官については言うまでもなかろう。王朝時代の中国においては前述した「科挙」という試験制度があり、それに合格した者だけが官僚への道を歩んだ。そのため、有力家族は私塾をつくり、一族の有望な若者たちを厳しく教育し、官僚に育て上げた。

というのも、**一族からたとえひとりでも有力官僚を生み出せば、一族全体を三世代にわたって養うだけの蓄財ができた**ためだ。権力を手にすれば、どれほどのカネを手に入れることができたのか、わかるであろう。科挙が廃止されて100年以上たつが、権力がカネを生み出す構図は変わっていない。

企業家にしてもそうだ。中国の企業家は、権力と結びつかなければ生きていけない。最初から権力と接近してカネを稼ぐ者もいれば、民間企業家として出発しながら成功したあとに権力と結びついた者もいる。**政治がすべてに優先する中国において、権力に近づかない企業家など存在しない**のだ。

彼ら富裕層は、まさに〝既得権益集団〟だ。今の中国の体制に反対するはずもない。

では下層の人々はどうだろうか。

彼らは主に農民や労働者だが、その主たる関心はいかにして日々の暮らしを成り立たせるかにある。失礼な物言いに思われるかもしれないが、日々の生活こそが最大の関心事であって、それ以外はどうでもいいと考える人々だ。

中国には「鼓腹撃壌《こふくげきじょう》」ということわざがある。伝説の帝王・堯《ぎょう》[1]が在位50年を迎えたときのこと。果たして、自分の統治が民草の生活を幸せにしているかが気になった。そこでお忍びで市井を見て回ると、ある老人が満腹の腹鼓を打ちながら、足で地面を蹴ってリズムをとりながら歌っている。

「日が昇れば仕事をし、日が沈めば休息する。井戸を掘っては水を飲み、田を耕して飯を

1. 堯　中国三皇五帝のひとりで、陶、次いで唐に封建されたので陶唐氏とも言う。儒家により神聖視され、聖人と崇められている。

食う。帝王の力なんて自分に関係があるだろうか」

不遜にも思える言葉だが、堯はこの歌を聞いて大いに満足したという。帝王の威光を感じることもなく、人々が幸せに暮らしていることこそが理想である、と。このエピソードは、儒教において〝理想の統治〟を象徴するものとして称揚されてきた。

確かに、この言葉は一面の真実を突いている。一般の人々にとって最大の関心事は、日々を生きることである。それが実現しさえすれば十分なのだ。

中国経済は一時期と比べれば成長ペースは鈍化したとはいえ（そして統計にさまざまな問題があるとはいえ）、まだ年平均6％以上と先進国の2倍以上というペースで成長している。昨日よりも今日、今日よりも明日のほうが、より豊かな生活ができるのだ。この経済成長が維持されている限り、下層の人々は大きな不満を抱かないだろう。

このことを、習近平もよく理解しているはずだ。2009年、メキシコを訪問した習（当時は副主席）は記者会見で、中国に対する人権無視の批判について次のように話した。

「腹いっぱいでやることのない外国人が、中国の欠点をあげつらっている。貧困を輸出しないだけありがたいと思うべきだ」

リアル社会に巣食う「クレイジー・リッチ！」な人たち

人権には、社会権と生存権の2種類があるとされる。前者は「言論の自由」など、日本の人々がよくイメージする人権だ。では、後者は何か。これは「衣食住」など、生存するための最低限の条件が保障される権利を意味している。

中国共産党も「人権」という言葉を使うが、それは社会権ではない。彼らにとって人権＝生存権。つまり、**下層の人民を食わすことができれば、中国共産党にとってそれは人権を守ったことを意味する**のだ。

たとえば中国の労働者について、こんなエピソードがある。

汚職容疑で重慶市のトップ、薄熙来が捕まったときのことだ。あるアメリカのメディアが重慶市にある薄熙来の豪邸近くで、出稼ぎ労働者に取材した。豪邸を指さし、「あんな高級住宅に住んでいた薄熙来をどう思いますか?」とたずねると、出稼ぎ労働者はことしなげにこう答えた。

「偉い官僚様なんだから当然だよ」

官僚が莫大な財産を持っていることに、彼らは不満を抱いていない。「自分たちとは別の世界のことだ」「自分が貧しいのは宿命だ」と受け入れているのだ。

習近平政権は大々的な反汚職運動を展開し、失脚した官僚がいかに貪欲で資産を蓄えているかを示した。たとえば、2014年に失脚した人民解放軍の谷俊山《グージュンシャン》[2]中将の家からは、黄金の毛沢東像やお値打ちモノの銘酒など、トラック4台分の不正資産が見つかったと宣伝されたこともある。庶民は汚職官僚が倒されたことに喝采をあげつつも、実は権力者ならばその程度の蓄財があることは重々承知している。

江沢民、胡錦濤、温家宝……歴代の権力者は未公開株の取得などを通じて、数千億円を超える蓄財に成功している。2018年にアメリカで大ヒットした映画「クレイジー・リッチ！」（原題：Crazy Rich Asians）は、アジアのスーパーセレブたちの成金ぶりを描いて話題となった。

こうしたクレイジー・リッチは、フィクションの世界だけではなく実際に存在している。その相当数が権力者の子弟や親戚だ。権力者は自らの名義で資産を持つことを避け、偽名で口座をつくったり、子弟や親族に金を預けたりしている。谷中将のように黄金や美術品の形で、自宅に財産を抱え込んでいるのも珍しい話ではない。

「権力は腐敗する、絶対的権力は絶対に腐敗する」とは、イギリスの歴史家ジョン・アクトンの言葉だ。中国人はこの真理をイギリス人以上によく知っているが、解釈は真反対だ。

2. 谷俊山（Gu Junshan）　1956〜。河南省出身。中学卒業後、17歳で人民解放軍に入隊、2009年、軍総後勤部の副部長に就任する。14年、収賄、公金流用などの罪に問われ、翌年、執行猶予2年の死刑判決。全財産も没収される。

「権力は腐敗するのだから監視しなければならない」と考えたのがイギリス人だが、中国人は「権力は腐敗する。それはしかたがないことだ。偉い権力者様がカネ持ちになるのも当然なのだ」とあきらめてしまう。民主主義を通じて、不正蓄財を追及しようという社会的正義など、今の中国では実現不可能な夢でしかない。

もちろん、出稼ぎ労働者が一切不満を持っていないわけではないが、彼らの境遇が改革開放以来、改善されてきたこともまた事実だ。もともとは「戸籍制度」[3]に縛られ自由に移動できなかったのに、今では都会に出稼ぎにいける。都市住民と比べて受けられる公共サービスは少なく、「医療保険が受けられない」「子どもが都会の学校に行けない」など、数々の不便や格差があるが、昔と比べればよくなったと思っているのだ。

都会では、出稼ぎ労働者は差別されている。無知な人間だと侮られ、危険で汚い仕事を低賃金で請け負わなければならない。だが彼らは、それを不満に思うのではなく、故郷よりもいいカネを稼げる都会に来られたことを幸せに思っている。**差別されても宿命だと受け入れているの**だ。

しかも中国は、労働力不足の時代を迎えた。**高齢化の進展、ひとりっ子政策**[4]**の影響、そして中西部のインフラ建設が加速し、出稼ぎ労働者が自身の居住地近くで働くようになったため、経済先進地帯の東部では労働力が枯渇している**のだ。これまでは無尽蔵の農村人

3. 戸籍制度　中国では、戸籍を「戸口」といい、すべての国民が機関、学校、企業など「単位」と呼ばれる組織に属するようになっている。「単位」の所在地により、俗に城市戸口（都市戸籍）と農村戸口（農村戸籍）と区分される。政府は2020年までに都市戸籍と農村戸籍を合わせた住民戸籍に統一する改革方針を表明した。

口を背景に、経済が成長してもなお安価な労働力が潤沢に存在していたが、そうした時代はもう終わったのである。

新卒サラリーマンよりも建設現場の出稼ぎ労働者のほうが、給料が高いという状況もしばしばで、**「出稼ぎ労働者の代わりに大卒エリートを雇おうか」**などというジョークも飛び交うほどだ。もちろん、大卒は経験を重ねれば給与が増えるので生涯賃金では圧倒的に上回るが、それでも出稼ぎ労働者は以前よりも給料がよくなったことに満足している。

今も日々の食事にも困る人がいるものの、全般的にみれば中国人の生活状況は改善した。それゆえに、下層の人々からも中国共産党に対する強烈な批判は現れない。

いまだに発展途上国と変わらない中国の社会構成

富裕層と下層の人々が現行政権に対して迎合的なのは、中国だけの事例ではない。世界の途上国で共通するセオリーだ。高い教育を受けながらも、権力の甘い汁を吸えないでいる人々。ある程度の財産を持ちながらも、権力の気まぐれによってその財産を奪われかねない人々。それが中産層だ。

民主化をなしえた国においては、いずれも中産層こそが主役の座にあった。高い意識と

4. ひとりっ子政策　正式名称は「計画生育」。1979年から2015年まで導入された厳格な人口削減策。2014年からふたり目の出産を無条件に認めるよう緩和された。

守るべき財産を持った人々が専制を打破し、法治を実現するモチベーションを保っていたのだ。

では、今の中国ではどうだろうか。

現在、中国には2～3億人の中産層がいるといわれている。14億人の人口から見ればかなり少ない。アメリカや日本のような正常な民主主義国家においては、階層構造はラグビーボール型をしている。カネ持ちも貧乏人も数の上では少数派、社会の主流は中産層が占めている。

ところが、**中国は病的な「ダンベル型」社会だ。**貧困層は人口ボリュームが大きく、富裕層は莫大な富を握っている。**人口の上位1％が社会の富の30％を保有している**ともいわれるほどだ。この病的な社会構造において、中産層が持つ力はまだまだ限定的なものにとどまっている。

そもそも中国の中産層とは、具体的にどのような人々なのだろうか。

大学教授など知的エリートに加え（もっとも高学歴でも所得が低く、中産とはいえない人々も少なくないが）、公務員、党機関職員、国有企業幹部、中小企業経営者などが挙げられるだろう。

2～3億人いる彼ら中産層が、明確な社会改革の意思を持てば大きな力となるが、残念なことに現実はそうではない。**中国の中産層のうち、70〜80%は現状に満足**しているのだ。無論、公務員や国有企業幹部など現行体制の既得権益者が多数含まれていることを考えれば、いたしかたないことだが……。

国民的「快楽主義」と「風見鶏」がもたらす意外な効果

結局のところ、**本当の意味での中産層、すなわち社会改革の担い手となりうる人々は中産層の10%強、せいぜい3000万人ぐらい**ではないか。彼らは政治の腐敗に不満を募らせ、「PM2・5」などの環境問題にも強く注目している。現行体制に限界を感じ、変化を求める人々だ。

かつて、ある中国の友人に

「陳先生、中国本土には3000万人もの先生のファンがいます」

と言われてびっくりしたことがある。

その友人によると、**中国人中産層の一部、すなわち3000万人の人々はネット規制を回避し、海外の記事やネット番組をよく見ている。**米メディア「ボイス・オブ・アメリカ」での テレビ出演や華字ウェブメディアで論考を発表している私は、3000万人の間ではよく知られた存在なのだという。私をはじめとして、海外民主化運動団体（海外民運）の活動は中国本土にどれだけ影響力があるのか、自分自身でもわからずにいたが、この言葉には勇気づけられた。

この3000万人は、どういう人たちか。実は中華人民共和国建国以来、常にこうした不満を抱く人々は存在してきた。**1949年の建国以来の約70年間は、体制に不満を抱く少数派を弾圧してきた歴史**といっても過言ではない。

1950年代には反右派闘争が起きた。簡単に経緯を説明しよう。

毛沢東は「百花斉放《ひゃっかせいほう》、百家争鳴《ひゃっかそうめい》」[5]の方針を打ち出し、人々が自由活発に意見を発表するよう奨励した。思想開放のチャンスがやってきたとして、これまで恐怖政治におびえて口をつぐんできた人々は、一気に自らの思いを吐露するようになる。

ところが、これはまさに**〝毛沢東のワナ〟**だった。人々が一党独裁を批判し始めると、毛沢東は「左派」に対抗する「右派分子」が、共産党と労働者階級に挑戦していると批判。大々的な右派狩りを始めたのだ。無数の人々が労働改造[6]などの厳しい処罰を受け、被害者の数は55万人とも、300万人とも伝えられている。

1960年代には文化大革命が始まったが、この暴力的な政治運動を批判した勇気ある人物もいた。その人、共産党員でありながら公然と毛沢東を批判した張志新《ジャンジーシン》[7]は死刑となる。

5. 百花斉放、百家争鳴　1956年から翌年にかけて行われた政治運動。百花運動とも呼ばれる。「中国共産党に対する批判を歓迎する」とし、これを受けて国民はさまざまな意見を発表したものの、その方針は間もなく撤回され、結局共産党を批判した者は反右派闘争で激しく弾圧された。

さらに、文化大革命終結後の1970年代末には、中国共産党の独裁を批判する「民主の壁」運動が展開され、リーダーの魏京生は懲役15年の判決を受けた。

そして、1980年代に起こったのが、言わずと知れた天安門広場での学生運動だ。1990年代には法輪功信者による抗議運動、2000年代に入ってからは人権派弁護士による中国共産党への抵抗もあった。

このように、**どの世代においても、少なくとも全体の5%の人々は体制の欺瞞《ぎまん》に気づいていた。**そして、そのなかから勇敢なる抵抗者が出現していた。中国共産党がいかに残忍な手口で口封じを試みようとも、勇気ある抵抗者が根絶やしにされることはない。これまでも、そしてこれからもだ。

清代の文人、趙翼《ちょうよく》[8]が残した漢詩「論詩絶句」に**「江山代有人才出、各領風騒数百年」**（江山《こうざん》代《かわるがわる》才人の出る有り、各《おのおの》風騒《ふうそう》を領すること数百年）という一節がある。「この世界は各世代に人材を輩出する。各世代の人材が巻き起こした新たな風は数百年にわたり続くであろう」という意味だ。

唐代の詩人、白居易《はくきょい》[9]は**「野火焼不尽、春風吹又生」**（野火《やか》焼けども尽きず、春風吹いて又生《しょう》ず）、つまり「野火も草を燃やし尽くすことはできない。春風が吹けば再び芽吹く」という意味の詩を書き残している。このように、中国政府がいかに残虐な弾圧を行ったとし

6. 労働改造　中国の各地方政府が、「社会秩序を乱した」との理由で裁判抜きで国民に強制労働を課せられる制度。「人権侵害の象徴」と言われた。国内外の圧力により、2013年に開催された第18期中央委員会第3回総会において、廃止が決まった。
7. 張志新（Zhang Zhixin）　1930～1975。遼寧省党委宣伝部幹事などを歴任。文革中の69年、毛沢東を批判したため6年間にわたって監禁され、のちに処刑された。

ても、新たな世代からは必ずや抵抗者は生まれてくるのだ。

もし、改革を求める火の手が上がり、それが容易に消すことはできない規模にまで膨れ上がれば、意識の高い3000万人の人々は隠していた怒りを爆発させ、その動きを全力で後押しするだろう。

それればかりではない。〝燎原《りょうげん》の火〟のごとく改革を求める動きが広がれば、残る90％あまりの中産層も続いてくる可能性が高い。彼らは普段、社会について深い思考をすることもなく、日々うまいものを食べ、何らかの娯楽があれば十分という人たちだ。


「民主主義って食えるのか？」


という言葉がある。「民主主義なんか一銭の得にもならないではないか」と、民主化を希求する人々をあざ笑う言葉だ。

彼らは一定の経済力を持っているので、中国社会に不満があれば、子どもを海外に留学させることも、自ら移民することも可能だ。だから、現状には大きな不満を抱いていない。**自分たちの暮らしを豊かにすることが第一で、民主主義などヒマ人の遊びだとバカにしているのだ。こうした快楽主義の中産層にこそ、中国共産党は統治基盤を築いている。**

だが、**彼らには風見鶏的な特性がある。**大勢が民主主義へと傾けば、かつての態度を180度転換させるだろう。その典型例が天安門事件へとつながる、89年の民主化運動だ。

8. 趙翼　1727〜1814。清朝時代の著述家。歴史書『二十二史箚記』などを残す。
9. 白居易　772〜846。唐代中期の詩人。「長恨歌」など数多くの詩を残し、紫式部ら日本の文学にも多大な影響を与えた。

ところが鄧小平が武力弾圧を断行すると、一転して意見を変えて政府を支持し、鎮圧は正しかったと言い出す。自らの考えがない、無定見の人々だ。

当時と今では社会の豊かさは異なるが、中国人の風見鶏的な性格は変わってはいない。

というのも、彼らは中国の古い哲学を信じているのだ。「識時務者為俊傑」（時務を識《し》る者は俊傑たり）、すなわち時流を知るものこそが有能な人材だとの意味である。この哲学においては、**常に強い者へとすり寄る恥ずべき風見鶏的性格は、むしろ称賛される才能**とされている。

もっと俗っぽいことを言えば、**「西瓜唯大辺《シーグワウェイダービエン》」（スイカは大きいほうを食べろ）**という言葉もある。スイカを切り分けたら常に大きいほうを選べ、つまり日本語でいうところの「寄らば大樹の陰」の意で、やはり風見鶏的な生き方を礼賛する内容だ。

風見鶏的な振る舞いをする人々は、自らを聡明な人間だと考えている。面倒なことにはかかわらず、常に強者の側に立って利益を得ようとする。信じられないかもしれないが、**もし外国の軍隊が中国を占領したならば、彼らは抵抗することなく、外国の軍に服従するだろう。こういう人々が中国では大勢を占めている**のだ。

だから、今は中国共産党の強勢を見て素直につき従っているが、もし民主化運動が広がれば、瞬く間に意見を変える可能性がある。中国のことを知らない半可通の〝専門家〟が、今の中国のうわべだけを見て、「中国人民の多くは共産党を支持している。共産党の統治には一切の揺るぎがない」などと言っているが、これは大きな間違いだ。**ダムにひびが入れば決壊まではあっという間。そのことを誰よりも熟知しているのが中国共産党**だろう。人民の大半が共産党を支持している現状でも、実は彼らは恐れ続けている。だから、検閲を不断に強化し、海外民運への妨害を続け、治安のための武力強化に邁進しているのだ。

数千年の歴史で生き残ったのは臆病者ばかり

中国人の特徴が、つまりはこうした「極度の功利主義」だ。ではなぜ、このような民族性を持つに至ったのか。考察すると、そこには数千年もの歴史が影響している。

モンゴル人や満州人などの異民族王朝が誕生するたび、あるいは中華人民共和国が誕生する際、勇気を振り絞って反抗した人々はことごとく殺され、根絶やしにされてしまった。**生き残ったのは臆病者たちばかり**だ。

彼らは自分の子どもたちにも「面倒に巻き込まれるな」「正しいことでも公には言ってはならないことがある」と言い伝えていく……。こうした歴史の積み重ねが、「極度の功利主義」に凝り固まった中国人をつくり出したのではなかろうか。

勇気ある反抗者たちは、支配者たちによって殺し尽くされてしまった。残ったのは「好《ハオ》死《スー》不《ブ》如《ルー》頼《ライ》活《フオ》著《ジャ》[10]」（よい死よりも怠惰な生のほうがましだ）という考え方を守る人々だ。中国人の奴隷根性は強く、こうして反抗する勇気は失われてしまった。

私の大学時代の同級生を見てもそうだ。ほとんどが功利主義者だ。学歴も収入も高く地位のある身であり、中国の変革よりも自分たちの生活を優先している。私のことは尊重してくれ、敬意も払ってくれている。亡命した身の私との友情も保っている。一見すると仲のよい友人のように思えるかもしれない。

ただその彼らにしても、自分たちの子どもには天安門事件について一切伝えてはいない。**ある友人は、子どもがアメリカに留学する際、「陳破空には近寄るな」「政治的な思想に影響されるな」と釘を刺している。彼とは、もともと志をひとつにしていたのだが……。**

同級生たちのなかには、私が出演しているテレビ番組を観ている者も少なくないはずだ。だが、メールやSNSでやりとりしていても、一切そのことに触れようとはしない。興味はあるので観ていても、誰にも話そうとはしない。自らの子どもにさえもだ。

天安門事件当時は政治改革の信奉者だったのに、今では中国共産党に入党した知人すらいる。ただし、彼とて何も中国共産党がすばらしいと思っているわけではない。やはり功

10. 好死不如頼活著　民間で広く伝えられている俗語。出処不明。

利主義的な発想で、入党すれば仕事に有利だからという理由でしかないのだ。

「結婚問題」と同じくらい軽い「入党問題」

中国語では「解決個人問題《ジエジュエグーレンウェンティー》了《ラ》没有《メイヨウ》？」という言葉がある。「個人問題を解決したか？」、すなわち「結婚できたのか？」という意味だ。さらに、「解決組織問題《ジエジュエズージーウェンティ》了《ラ》没有《メイヨウ》？」（組織問題を解決したかい？）という言葉もある。こちらは「入党できたか？」という意味だ。

「結婚したの？」というお節介な質問と同じ程度の軽いノリで、入党問題も扱われているわけだ。**入党するかどうかはイデオロギーの問題ではなく、生きていくためのひとつのツールを手に入れられたかどうかというだけの問題**だということがよくわかる。

このように、風見鶏的性格丸出しの中国人だが、それでも、ときとして不満は形となって表出する。2013年に中国共産党の機関紙『人民日報』の旗下にあるネット掲示板「人民論壇」が行ったネット世論調査は典型的な事例だろう。

これは、習近平が提唱する、中華民族の偉大なる復興を意味する「中国の夢」に関する調査だ。

「中国共産党が指導する改革に賛成する」

「中国の特色ある社会主義は中国人民の利益を代表している」
「中国人民を導くのは中国共産党以外にはないと思っている」
「現行の一党執政、他党参加の制度をどう思いますか」
という4つの設問に、「はい・いいえ」で答える形式だった。質問文のつくり方からして、中国共産党にきわめて有利な結果が出るように誘導されており、社会調査の原則から離れたお粗末な質問である。

だが、回答結果に人民論壇は仰天したようだ。**調査開始からわずか1時間で3000人が回答したが、いずれの設問も反対率は80％前後を記録。ネットユーザーの多くは、中国共産党に「ノー」を突きつけた**のだ。人民論壇は、調査開始から2時間後には質問ページを削除してもみ消しを図ったが、この事実を消すことはできなかった。

また、かつて『中国人だからよくわかる 常識ではあり得ない中国の裏側』（ビジネス社、2016年）でも紹介したが、中国の大手不動産会社「SOHO中国」の張欣《ジャンシン》[11]CEOのエピソードも有名だ。2013年に米CBSの番組「60ミニッツ」に出演した彼女は、「今、中国人が最も必要としているものは何でしょうか？」との問いにこう答えた。

「必要なものは、よい家やよい生活ではない。民主主義だ」

驚いた司会者は何度も同じ質問を繰り返したが、答えは同じだった。不動産会社を経営

11. 張欣（Zhang Xin） 1965～。女性起業家、SOHO中国のCEO。

する大富豪、現政権の既得権益者ですら民主主義が必要だと言うのだ。のちに張欣はこの回答について、

「アメリカの人々に中国の真相を知らせたかった。中国人の多くは民主主義を欲しているという真相を」

と説明している。

他にもいくつかのネット世論調査で、中国人が民主主義を求めているという結果が得られている。ネットを使うのは主に若者だ。中国人のなかでも、若者世代の間で民主主義を希求する気持ちが強いことが、ここからもうかがえる。

民主主義を求める気持ちは強いのに、それがなかなか形として現れないのは、中国共産党に反対する人々が専制体制からの仕打ちを恐れているからにほかならない。過去70年近くにわたり、中国人は脅迫されてきた。反右派闘争、文化大革命、天安門事件、法輪功の迫害……。

恐怖政治におびえて人々が口をつぐむのも道理だろう。国外の人々に「中国人は共産党を支持している、民主主義など必要としていない」との誤解を与えてしまうのも不思議な話ではない。

民主主義を勝ち取るためには、代償が必要だ。流血を伴う革命があった国はもちろんのこと、平和的な体制転換を成し遂げた国であっても、そこには必ず自らの身を顧みずに声を挙げた人たちがいる。**暴力を振るわれるのではないか、仕事を失うのではないか、家族に危害が与えられるのではないか……そうした数々の恐怖を乗り越えた勇者がいた**のだ。

今の中国人の多くは、そうした勇気が出せないだけだ。だが、専制と民主主義ならば、民主主義のほうが素晴らしいことは口に出さなくてもわかっている。

もし、まったくのリスクなしで民主主義が与えられるとしたら……すべての中国人が民主化を選ぶだろう。中国共産党の支配を続けてほしいなどという人間は皆無のはずだ。

ネットを埋め尽くす「罵倒コメント」の発信源

若者中心のネットユーザーの間で政府批判、民主化への期待が高い一方で、「小粉紅《シャオフェンフォン》」[12]（若きピンクちゃん）と呼ばれる人々も出現している。「90後」（1990年代生まれの若者）が中心で、中国共産党を支持する人たちだ。文化大革命における紅衛兵[13]のような、ガチガチの信奉者ではなく、もっとライトな人々。真っ赤ではなくピンク程度という意味から、この言葉がつけられた。

12. 小粉紅　1990年代以降に生まれた若い世代の民族主義者のこと。
13. 紅衛兵　文革時に発生した全国的な青年学生運動で、学生が主体。1966年から1968年にかけて猛威を振るい、文革期間中の死亡者、行方不明者（数百万人とも数千万人ともいわれる）の一部に加担したともいわれている。

彼らの名を世界に知らしめたのは2016年1月、台湾総統選前夜だ。韓国の人気アイドルグループ「TWICE」の台湾人メンバー、ツウィ（周子瑜《ジョウズーユー》[14]）が韓国のバラエティ番組で、中華民国国旗である青天白日満地紅旗を持って出演したことから、彼女を「独立派」だと決めつけ、インターネットで大々的な批判活動を行ったのだ。

ニュースサイトのコメント欄やフェイスブックには、数万件もの罵倒コメントが書き込まれた。参加した小粉紅は、数千人とも数万人とも伝えられている。中国を大きな市場としている韓流アイドル事務所はこの動きに驚き、ツウィは涙の謝罪に追い込まれることとなった。

「中国に、これほど多くの中国共産党支持の若者がいたのか」と、世界のメディアは大きな衝撃を受けたようだ。だが、この小粉紅にも2種類が存在することを知っておく必要がある。それは「五毛党《ウーマオダン》」[15]と「自干五《ズーガンウー》」[16]だ。

「五毛党」とはカネで雇われて、中国政府に有利なコメントを書き込む〝サクラ〟だ。かつて、ある中国の地方政府が書き込み1件あたり5毛（0・5元＝約8・5円）という薄給でアルバイトを募集していたことが発覚し、このあだ名がつけられた。

今では、こうした政府主導のサクラ部隊はさらに組織化されている。カネで雇われたアルバイトもいれば、ボランティアで動員された若者も少なくない。習近平政権では、中国

14. **周子瑜（Zhou Ziyi）** 1999〜。芸名はツウィ。台湾台南市出身の女性アイドル。韓国のガールズグループ「TWICE」のメンバー。
15. **五毛党** 中国共産党配下のインターネット世論誘導集団を指すネットスラングである。書き込み1件当たり5毛（1元の半分）が支払われることからこう呼ばれる。

共産党旗下の若手育成組織である中国共産主義青年団[17]（共青団）が、大々的なボランティア募集を行ったことが知られている。大学や国有企業ごとに割り当てを決め、中国全土で1000万人のボランティアを募ったのだ。

小粉紅たちが、海外のニュースサイトやフェイスブックにコメントを書き込むためには、中国政府によるネット検閲を回避する必要がある。これには一定程度のコンピューターに関する知識が必要で、誰もがそのテクニックを知っているわけではない。多くの小粉紅たちがネット検閲を回避できたのは、やり方を教授するサポートがあったためだ。**中国政府が彼らにネット検閲回避用のソフトウェアを提供した**のである。

これまで説明してきたように、そもそも中国人は功利主義の権化だ。それにもかかわらず、あれほど多くの若者たちがカネにもならない活動に参加したのはなぜか。のちにさまざまなリークによって、共青団が後ろ盾となっていたことが明らかとなった。

共青団は陰に陽に、彼らの攻撃を支持していたのだ。共青団の機関紙『中国青年報』は、毛沢東の詩「七律 長征」[18]を引用し、海外のサイトを攻撃する小粉紅たちの活動を支持する社説を掲載までしたのだから、その露骨さには驚くしかない。

一方、**「五毛党」とは違う存在が「自干五」。自ら糧食を調達する五毛党、すなわち見返りはいらず、心から共産党を支持する人々の意味**だ。このような、自発的に中国共産党を

16. 自干五　五毛党とは違い、報奨がなくても共産党を支持する言論をネットに書き込む人たちのこと。

17. 中国共産主義青年団　中国共産党による指導のもと14歳から28歳の若手エリート団員を擁する青年組織。略称は共青団。

支持する若者たちがいることは事実だ。だが、それは驚くような話ではない。彼らは幼い頃からテレビ、新聞、雑誌などあらゆるメディアを通じて洗脳されてきた。学校でもプロパガンダを叩き込まれている。

これだけの洗脳教育を受けてきたのだから、心から共産党に従う若者がいて当然だ。むしろ、ここまで洗脳を行っていても、ネット世論調査では民主化を支持する結果が出ていることのほうに驚くべきだろう。

彼ら「自干五」は、洗脳によって政府擁護の考えを植えつけられている。文化大革命における「紅衛兵」と、まったく同じ状況にあるのだ。私も文化大革命を経験している。周囲には「毛沢東はよい人、劉少奇《リウシャオチー》[19]は悪い人」と素直に信じている若者がごろごろしていた。

この項の冒頭で紹介した紅衛兵ほど赤くない**「小粉紅」は、五毛党と自干五の混合体**だ。数千人から数万人という台湾総統選前夜に大暴れした参加者のうち、どれだけが自発的に中国共産党を支持していたのか、どれだけがカネのため、あるいはボランティアとして強制的に動員されたのかは不明だ。ただし、この事件だけをとって、中国の若者たちの間に中国共産党支持が広がっていると考えるのは、早計ではないだろうか。

18. 長征　国共内戦が続く1934～36年にかけて、国民党に敗れた中国共産党が江西省から陝西省まで転戦しつつ移動したことを指す。中国共産党は多くの兵士を失う大打撃を受けたが、最終的には安全な拠点を確保し命脈を保った。また移動中に開催された遵義会議（じゅんぎかいぎ）において、毛沢東の指導権が確立する。長征の最中、毛沢東は「紅軍（共産党の軍）は遠征の困難を恐れず」との詩を詠んだ。

スマホのアプリでさらに簡単になった「密告」

若者たちに広がる共産党支持の現象が「小粉紅」だとするならば、老人たちの現象が**「毛沢東左派」（毛左）**だ。50代以上の中高年によって構成されており、**今よりも毛沢東時代のほうがよかった、あの時代に立ち返ろうと主張する一派**だ。左派とは中国における保守派、すなわち原理主義的な社会主義者を指す。

餓死者が出るほどに貧しかった毛沢東時代に帰ろうなどとは、正気の沙汰とは思えないが、彼らにも言い分がある。今の官僚の腐敗や貧富の格差に不満を抱いているのだ。現状と比べれば、毛沢東の文化大革命時代は貧しかったかもしれないが、腐敗も格差もなかったではないか、というわけだ。

もちろん、実際には腐敗も格差も存在した。それらは、強力なプロパガンダで見えなくされていただけだ。しかしながら、記憶の風化、美化もあり、また当時のプロパガンダを素直に信じていたという事情もあり、毛左の人々は毛沢東時代こそが戻るべき理想の世界だと思い込んでいる。

「民不患寡而患不均[20]」（民は寡《すく》なきを患《うれ》えず、均《ひと》しからずを患《うれ》う）という有名な言葉もある。

19. **劉少奇（Liu Shaoqi）** 1898〜1969。第2代国家主席などを務め、中国共産党での序列は毛沢東に次ぐ第2位であったが、文革中に失脚、非業の死を遂げた。

「人々は、貧しいことよりも格差があることに不満を抱く」という意味だ。中国史における農民反乱を振り返ってみても、「土地や富を均等に分けよう」というスローガンが圧倒的に多かった。

そうした伝統もあり、中国人は格差に対する不満を抱きやすい。だから今のほうが圧倒的に豊かであるにもかかわらず、文化大革命時代に戻りたいと考える人が現れるのだ。もっとも、ロシアにもスターリンを崇拝する人がいれば、ドイツにもネオナチの信奉者がいる。だから、中国に毛沢東信奉者がいても不思議ではないのかもしれないが……。

そもそも中国では、いまだに天安門には毛沢東の肖像が掲げられ、天安門広場には遺体も安置されている。「英雄」の処遇を受けているのだ。

そのため、**毛沢東を何となく好きだという人は多いが、実際問題、「毛左」ほどの極端な思想の持ち主はそう多くはない。**ただし、毛左の政治的な影響力は無視できない。

毛沢東の死後、中国共産党は「功績が7割、過ちが3割」との評価を決定した。大躍進[21]や文革という民族の災厄をもたらしたにもかかわらず、功績のほうが大きいとの評価を定めたのだ。そのため、毛沢東支持を標榜する人々を表立って弾圧することもできず、毛左の対応には手を焼いている。

20. 民不患寡而患不均　出処は『論語・季氏』第16篇。

また、毛沢東時代はアメリカとロシア（ソ連）に「ノー」を言えた時代だった。強い中国を実現したと、愛国主義の立場から毛沢東を評価する声もある。つまり、毛左は強い民族主義思想を持っているわけだ。実際には、きわめて偏狭な思想にすぎないが……。

彼らは、いまだに文化大革命さながらの「吊し上げ」を行っている。山東省のある大学教授が毛沢東を批判したと聞けば、猛批判を加え免職に追い込む。河北省のある官僚がSNSに毛沢東批判を書き込めば、抗議し罷免に追い込むという具合だ。

この毛左に対して、中国共産党の態度はかなり微妙だ。毛左は教条的すぎて頭が硬い。**金儲けのための資本主義政策について断固反対するという意味では、政府の政策と衝突する側面すらある。**とはいえ、中国共産党と社会主義の熱烈な支持者であることを考えると、むげには扱えない。そこで一定程度尊重しつつも、組織だった活動はやらせないという対応をしているのだ。

中国は現在、監視社会化が進んでいる。2014年に反スパイ法が成立したが、これは「スパイを見つけたら通報するのは国民の義務」という内容だ。この国民の義務を最前線で実行しているのが、毛左たちである。先ほど挙げた大学教授の吊し上げがいい例だが、中国共産党はこの面での毛左の働きは認めているようで、**スマートフォンでスパイを通報するアプリをつくるなど、密告や社会主義の敵を見つけることを奨励**している。

21. 大躍進　1958〜61年まで行われた農業・工業の大増産政策。毛沢東が経済的に英米を追い越すことを夢見て実行した。しかし、過大なノルマによる中国経済の大混乱と、推計1000万人から4000万人の餓死者を出す大失敗に終わり、毛沢東は国家主席を辞任。その後は劉少奇、鄧小平などが経済再建を目指した。

そのため、一昔前ならばできたような、内々の場での中国共産党批判もずいぶん難しくなった。誰が通報するか、わかったものではないからだ。つまり、古きよき社会主義(というのも幻想でしかないが……)に執着する毛左たちは、中国共産党に実にうまく使われているわけだ。

もはや政治利用の手段でしかない社会主義思想

周知のように、中国では集会の自由は認められていない。当局の認可がなければデモはできないのだ。だが、**毛沢東支持を標榜する毛左の行動は、当局も却下することは難しい。英雄である毛沢東を崇拝する人たちの行動を許さないわけにはいかない**というわけだ。人数は少なくても自由にデモができるのだから、彼らには勢いがあるように見えるし、事実、それなりの影響力を持ち得る。

この毛左を政治的に活用したのが、薄熙来元重慶市委書記だ。習近平の父と同様、八大元老のひとりである薄一波を父に持つ薄熙来は大きな野心を抱いていたが、出世レースでは遅れをとっていた。逆転のためには何らかの〝風〟が必要だったのだ。

だが、「右派」(中国では自由主義市場経済主義者の意味)の力を借りることはできない。

共産主義の中国では、右派は原則的に間違った存在であり、彼らの力を借りれば自分も危うい立場に置かれる。「ならば」と、選んだのが毛沢東左派だった。左派への傾斜は中国共産党において〝正しい行い〟であり、政治的なリスクがないことも大きな要因となったのである。

薄熙来は、「唱紅打黒《チャオホンダーヘイ》」[22]（革命歌をうたい、汚職を摘発する）という政治キャンペーンを展開。これによって毛左をはじめ、格差に不満を抱いていた中間層、貧困層から絶大な支持を得ることに成功した。そして、庶民の圧倒的支持という〝風〟に乗って、中国共産党の最高指導部である中国共産党中央政治局常務委員の座をも得ようとしたのである。

最終的には、腹心である王立軍《ワンリージュン》[23]が薄熙来の怒りを恐れてアメリカ総領事館に逃げ込むという事件を起こしたことから、薄は捜査対象となり失脚を余儀なくされた。だが、**格差に対する不満がどれほど中国人民に根づいているのか、そして、それを利用する手法がどれほどの有効性を持っているのか、彼は習近平に重要なヒントを与えてしまった**のだ。

2012年、総書記に就任した習近平は薄熙来と同じく、毛沢東を称賛し、汚職官僚を取り締まる政治キャンペーンを展開、人民からの支持を得ることに成功した。

薄熙来にせよ、習近平にせよ、文化大革命において迫害された経験を持っている。あの狂乱の時代に再び戻ろうなどとは、まったく考えていないに違いない。それでも毛左にす

22. 唱紅打黒　薄熙来が重慶市委書記時代に行った政策。革命歌を歌うイベントの開催、汚職官僚の摘発強化を進めることで、左派から大きな支持を受けた。

り寄ることで政治的基盤を固められると判断し、自らの主義主張とは無関係の政治キャンペーンを行ったのである。

「厚黒学」からわかる腐敗深化の本当の理由

左派へのすり寄り、そして格差を憎む庶民を取り込むための反腐敗運動で習近平は庶民から絶大な支持を得た。その支持を追い風に、さらに自らの権力を強化しており、今や毛沢東以来の強大な指導者と化している。

振り返ってみれば、89年の民主化運動では「民主化」と「反汚職」というふたつの要求があった。共産党は民主化という要望には絶対に応じないが、反汚職ならば人民を欺く〝ポーズとしての取り締まり〟を行える。天安門事件後、江沢民と胡錦濤、2代の総書記は、習近平ほど派手ではないが、いずれも反汚職運動に取り組んだ。

ただしそれは、「選択的反腐敗」とでもいうべきもので、自らの部下はどれほど腐敗していようが摘発はしなかった。これは、習近平時代の今においても共通だ。むしろ習近平時代の今こそ、実は最も汚職が深刻な時代であろう。

反汚職運動を行えば行うほど腐敗は逆に深まる。これが中国の伝統だ。

23. **王立軍（Wang Lijun）** 1959～。重慶市公安局局長、重慶市副市長などを歴任。2012年、亡命を求めて突然アメリカの在成都総領事館に駆け込み、薄熙来のスキャンダル発覚・失脚につながった。しかし、アメリカ側は王の亡命要求を拒否。成都人民検察院は収賄や職権濫用などの罪で王を起訴、懲役15年を言い渡した。

20世紀初頭に活躍した中国の文筆家に李宗吾《りそうご》[24]という人物がいる。彼が書き残した『厚黒学《こうこくがく》』（邦訳は『厚黒学』徳間文庫、2016年）は、中国人の思考法を理解するのに不可欠の1冊だ。同書に収録された一篇に北宋の皇帝、宇文泰《うぶんたい》[25]と名宰相、蘇綽《そしゃく》[26]の対話がある。その内容は以下のとおりだ。

「国を治めるのにどのような人物を用いるべきか？」

宇文泰は蘇綽に聞いた。

蘇は「汚職をする人間を使うべきです」と答えた。

「国家の権力を笠に着て、汚職し蓄財する人間は国に忠実です。国の権力こそが彼らの力の源なのですから」

「では、国民が汚職官僚を不満に思ったらどうするのか？」

宇が疑問を投げかけると、蘇は「そのときは、汚職官僚を殺しましょう。民は悪いのは汚職官僚であり、皇帝は素晴らしい人だと思うでしょう。それに汚職官僚の財産は国庫に入ります。生きているときも死ぬときも、役に立つのが汚職官僚です」と答えた。

そして「清官（清廉潔白で民思いの官僚）は絶対に使ってはいけません」と続けた。

24. **李宗吾**　1879〜1943。学者、著述家。厚黒教主とも号す。またの筆名は独尊。
25. **宇文泰**　505〜556。北魏・西魏の政治家。鮮卑人で、北周の基礎を築いた。実際に帝位にはついていないが、廟号は太祖、559年には文帝と追謚されている。
26. **蘇綽**　498〜546。西魏の文人、官僚、政治家。西魏に仕え、宇文泰に認められ、北周を創立。六条詔書の文案を作り、実施させた。代表作に『仏性論』『七経論』がある。

「清官は皇帝のためではなく、民のために働く。その名誉は皇帝ではなく、清官個人に帰属しています。民が不満を感じたとき、矛先は皇帝に向かってしまうでしょう」

というのが、その理由だった。

汚職官僚を用いて、不要になれば殺してしまう。習近平政権も今、同じことをしているのだ。自分に忠誠を誓わない、邪魔な汚職官僚だけを取り除き、人民の支持を得ている。繰り返しになるが、本当の意味で反汚職運動を実現するには民主化が必要だ。だから学生運動は、民主化と反腐敗のふたつをキーワードにしていたのだ。**司法の独立や言論の自由といった民主主義のツールを備えない限り、真の腐敗撲滅は絶対に実現しない。**

だが、この道理を今の中国人は理解していないようだ。あまりに長い間、「人治」が続いているので、「法治」というものを理解できないのだ。真の反腐敗には目もくれず、パフォーマンスとして反汚職運動を展開する習近平に喝采を送っている。悲しいかな、中国はいまだ人治の国。そして、人民は〝愚民〟の域から脱することができずにいる。

中国に負けず劣らずの独裁国家から学ぶべきこと

本章では、中国内部の問題について分析してきた。ならば、中国共産党についても取り上げる必要があるだろう。かつて旧ソ連や東欧諸国であったように、中国共産党自らが政治改革、〝上からの改革〟に乗り出す可能性を考えてみたい。

今の中国共産党にかつての胡耀邦、趙紫陽のような改革派がいるとは思えない。少なくとも、そのような候補は見つけられない。だが、もし改革の志を持つ者がいたとしても、そうした考えを一切表に出すことなく、思いをひたすら内に秘めているのだ。

もちろん、天安門事件前と比べ、そうした改革派が存在する余地は少なくなっていることも認めざるを得ない。それというのも、天安門事件後に中国は「社会主義市場経済」の名の下にさらなる経済開放を推し進めたが、これが巨大な汚職の温床となったためだ。

今や中国高官で汚職に絡んでいない者は、誰もいないだろう。たとえ自らが汚職に手を染めていなくても、権力を利用して懐を肥やしている近親者が必ずいる。結局、高官すべてが汚職によって利益を得る存在となったのだ。

１９８０年代、胡耀邦と趙紫陽の時代には、ここまでの腐敗はなかった。〝経済的利益〟

ではなく、〝政治的理想〟を追求する余地があった時代だ。

近年では、政治局常務委員というトップクラスの地位にあった王岐山《ワンチーシャン》が[27]〝清官〟の誉れ高き人物だった。ところが、第2章でも紹介した、アメリカで真偽のほどがわからない中国高官のスキャンダル暴露に精を出す中国人富豪、郭文貴が王の汚職問題についても告発している。中国の大手航空会社「海南航空」を実質的に支配しているのは王岐山の親族だという。さらに有名な女優とも不適切な関係を結んでいたなど、王の陰の一面を指摘している。

無論、**郭のリークは話半分に聞かなければならない**。だが、たとえ告発した容疑の半分しか真実はなかったとしても、清官とはほど遠い人物だといわざるを得ないだろう。体制内に清官、そして改革派はまだ存在しているのか。ますます外からは見えにくい時代だ。

さて、それではきわめて低い可能性のシナリオではあるが、習近平、あるいは志を秘めたまま雌伏している清官による「上からの改革」が実現した場合について、具体的に考えてみよう。

イギリスの名誉革命、フランス革命、アメリカの独立戦争……。民主主義の確立には、このような革命が必要だとの見方が根強い。日本でいえば明治維新が該当するとの見方も

27. 王岐山（Wang Qishan） 1948～。西北大学卒。第18期中国共産党中央政治局常務委員、中国共産党中央規律検査委員会書記を歴任。習近平の盟友といわれ、妻は姚依林元国務院常務副総理（第一副首相）の娘、姚明珊。2018年、常務委員を定年で退任後、任期制限なしの国家副主席に就任した。

あろう。

その一方で、今の日本は第2次世界大戦の敗戦による〝与えられた民主主義〟しか持ち得ていないとの意見もある。自らの力で勝ち取ったのではなく、「棚からぼた餅」のように偶然手にした場合、民衆は真の意味で民主主義の価値を理解できない。その結果、民主主義の必須要素である国民の参与もおぼつかないというわけだ。事実、シニカルな人々の間では、日本政治の機能不全は〝与えられた民主主義〟であるがゆえとの分析もある。

その意味で、中国でも上からの民主主義がたとえあったとしても、よい結果をもたらさないのではないか、そう考えている人もいるようだ。だが、私の意見は違う。**長期にわたる独裁が続いた国においては、〝上から下への改革〟のほうがスムースに進む。**その好例がミャンマーだ。中国に負けず劣らずの独裁国家であり、国民が何度立ち上がっても激しく弾圧し、民主化の芽を潰してきた強権国家でもある。

ところが、そのミャンマーにおいて大きな転換があった。このまま時代の流れに取り残されていてはならぬと、軍事政権が平和的な改革を断行。そして、選挙による政権交代が実現したのだ。

中国には、かつて〝下から上への改革〟のうねりがあった。それが1911年の「辛亥《しんがい》革命」[28]だ。「広州起義《こうしゅうきぎ》」という蜂起を皮切りに各地で武装闘争が起き、ついに清朝が崩壊。

28. 辛亥革命　1911年から翌年にかけて、中国で発生した共和革命のこと。革命が勃発した年の干支である辛亥にちなむ。この結果、アジアにおいて史上初の共和制国家である中華民国が誕生した。

中華民国が成立したのだ。ただし、多大な人命と引き換えに帝国の歴史を終わらせることには成功したが、政治は安定せず、袁世凱《ユエンシーカイ》[29]という新たなる独裁者を生み出すという悲劇的結末に終わってしまった。

このように、**〝下から上への改革〟には血が流れ、政治的な混乱が生じるなど多大なコストが必要**となる。その反面、**〝上から下への改革〟にはこうしたリスクはない。**しかも、独裁国家であればあるほど、強権的に制度を変える力も備わっている。

日米以上の「資本主義国」をつくった〝上からの改革〟

実は、**1970年代末から始まった鄧小平主導の「改革開放」も、〝上から下への改革〟のひとつの成功例**と言える。政治ではなく経済分野に限った改革だが、私有財産や民間企業を許さぬゴリゴリの社会主義国であった中国を短期間で変えてしまった。

今や日本人やアメリカ人が中国を訪問すると、「私たちの国以上に資本主義だ」と驚くありさまだ。社会主義を建て前としては残しつつも、市場経済を導入するという経済改革が、これほど速やか、かつ順調に進んだのは、上からの改革のたまものだろう。

だが、よいことだけではない。権力者の意向次第ですべてが変わってしまうのだから。

29. 袁世凱（Yuan Shikai） 1859～1916。清朝末期の軍人、政治家。北洋軍閥の総帥。大清帝国第2代内閣総理大臣を務めた。清朝崩壊後は第2代中華民国臨時大統領、初代中華民国大総統に就任。1916年、皇帝を名乗ったが反乱が拡大し帝制を断念。その後まもなく急死した。

鄧小平は、かつて経済改革に続いて政治改革を行うと明言していたし、改革派の胡耀邦と趙紫陽の起用を後押ししたのも彼だ。

ただ、鄧小平の考えていた政治改革とは、いわゆる民主化とはほど遠いものだった。中国共産党による一党独裁を変更しないのが大前提となる、部分的な改革だ。

内部談話によると、彼は「三権分立」「言論の自由」「報道の自由」「司法の独立」など、民主主義の根幹的制度については明らかに反対で、一党独裁のメリットを強調していた。卓越した指導力で経済改革をリードしたが、民主化を支持する思想は一切持っていなかったのが実情だろう。

この政治姿勢は、彼の「人生年表」をみれば理解できる。文化大革命で二度にわたり失脚した鄧は毛沢東の死後、どうにか復活を果たす。その後、最高権力者の地位に登り詰めるが、すでに70代という高齢だった。天安門事件発生時は85歳だ。人生の終わりがもう見えつつある年齢である。彼の最大の望みは安定した晩年であり、ゆえに政治的保守派になる以外の選択肢はなかった。もし天安門事件当時、鄧小平が65歳だったならば……。あるいは武力鎮圧という選択肢を選ばなかったかもしれない。

歴史的にも、これとよく似た事例がある。1898年、清末の改革「戊戌変法《ぼじゅつへんぽう》」[30]は西太后《せいたいごう》[31]によって阻止された。彼女は当時63歳。19世紀基準では、すでに死が近いほどの高齢だ。

30. 戊戌変法　清朝の光緒帝の時代、光緒24年（1898年戊戌の年）の4月23日から8月6日にかけて、光緒帝の支持の下、側近の康有為らが主導した政治改革運動のこと。
31. 西太后　1835～1908。清朝の咸豊（かんぽう）帝の側妃で同治（どうち）帝の母。孝欽顕（こうきんけん）皇后または慈禧（じき）太后とも呼ばれる。

今さら改革などとても耐えられないと、〝変革の芽〟を摘んだのだ。**西太后と鄧小平、改革を阻止したふたりは「老害」という共通項でくくることができる。**

さらに、もうひとつの共通項は「祖法（祖先から継承した法、制度）を変えてはならない」との信念だ。西太后は、清朝の制度が変わることを見過ごすことはできなかった。鄧小平も経済分野では改革を断行したものの、一党独裁という政治制度を変える気持ちは、さらさらなかった。明治維新とその後の改革において、国の形をダイナミックに変えることを許した日本の明治天皇と比べると、雲泥の差がある。

中国のトップが考えるべき真の「保身術」

若干空想的な話となるが、もし、習近平が胡耀邦と趙紫陽の志を引き継ぎ、政治改革を断行するならば、すなわち、その掌中に収めた巨大な権力を活用して民主化に取り組むならば、高い可能性で中国の民主化は成功するだろう。習近平の名は歴史に刻まれ、中国史上最高の英雄として人々に記憶されることになる。

反対に、もしこのまま独裁的な支配を続けるならば、いかに習近平がうまく立ち回ったとしても、毛沢東や鄧小平に並び立つ存在になることすら困難だ。それどころか、江沢民にすら及ばないのではないか。歴史に名を残す具体的な実績を、一切上げていないからだ。しかも、**反汚職運動で多くの官僚たちの恨みを買っている。ゆえに、引退後、中国共産党内の対立勢力から報復されることは必至**だ。

しかし、もし習近平が政治改革を断行すれば、名誉のみならず、自らの老後と子々孫々の安全をも保障することとなる。

ただし、歴史的・文化的な背景を考えても、中国では上からの改革を決断できるような統治者が現れにくい土壌があることも指摘しておかねばならない。日本は明治維新とその後の一連の改革で、急速な近代化と議会制民主主義を実現した。その成功にはいくつもの要因があろうが、統治者であった明治天皇が責任感と道徳心にあつく、心から日本国民のことを考えていたことも大きかったのではないか。

一方、中国の皇帝や指導者はというと、私心ばかりで、民族や国のためではなく、自分や家族のことしか考えられない者ばかりだ。**中国のトップが、無私の心で改革に取り組んだ事例はいまだかつてない。**

同じ中華民族の台湾にせよ、人々が何度も何度も民主化を求めた末に、初代中華民国総統、蒋介石《ジャンジエシー》[32]の息子、蒋経国《ジャンジングゥオ》[33]は政治改革に踏み切ったのだ。市民の要求と圧力がなければ、蒋経国もあるいは独裁の道を歩み続けていたかもしれない。こうした土壌があるがゆえに、

32. 蒋介石（Jiang Jieshi） 1887～1975。中華民国の政治家、軍人。第3代、第5代国民政府主席、初代中華民国総統、中国国民党永久総裁。孫文の後継者として北伐を完遂し、中華民国の統一を果たす。国共内戦で中国共産党に敗れ台湾に移り、その後大陸支配を回復することなく没した。

中国では改革の実現に、他国よりもはるかに大きな犠牲が必要となるのだ。

振り返れば、胡耀邦と趙紫陽の改革が失敗したことは無念でならない。彼らとて中国共産党内で生き抜いてきた官僚だ。一党独裁のルールは逸脱できない。事実、趙紫陽は自ら、若い時代には左派であったと述懐している。

ただ、**彼らふたりには一般市民の苦しみを感じ取り、国を改革しようという志があった。もちろん私心もあったろうが、鄧小平など他の権力者からはほど遠いレベルだった**のだ。

胡・趙両者の共通点として、文化大革命において失脚し辛酸をなめた経歴がある。復権後、両者は毛沢東と中国共産党のやり方が間違っていたと真摯に反省したのだ。鄧小平と比べればまだ若かったこともあり、自らの思想を変えることができた。この点について、私は非常に高く評価している。

だが、結局ふたりは総書記という肩書きは手にしたものの、実権は鄧小平をはじめとする長老が掌握したままだった。もし、どちらかが権力を掌握することができていたならば、中国の民主化は実現に近づいていったかもしれなかったが……。

33. 蔣経国（Jiang Jingguo） 1910〜1988。中華民国第6、7期総統。蔣介石の息子。幼い頃ソ連に留学し人質になったものの、36年、西安事件で帰国。父蔣介石から権力を継ぎ台湾総統に就任、台湾の経済成長に貢献し、その後、戒厳令を解除し民主化への道を開いた。

第5章

30年前に決まっていた
米中新冷戦「敗北」という結末

２０１８年に始まった天安門事件の〝変奏曲〟

最後に、本章では２０１８年から続く米中貿易戦争について取り上げたい。「貿易戦争」という言葉からも、天安門事件や中国の政治改革とは、まったく無縁な外交問題、経済問題と思われる方もいるかもしれない。だが、実は違う。本章を読んでいただければご理解いただけるはずだが、**結局のところ米中の対立の根本にあるのは中国共産党の専制政治であり、国際社会のルールを無視した振る舞い**だ。

アメリカは「豊かになれば中国は変わる。ルールを守る、民主化する」と幻想を抱き、童話『北風と太陽』のように暖かな〝太陽の光〟を中国に与えてきた。だが、いかにやさしい態度を見せても中国は何も変わらないと悟ったところから、〝北風〟を吹かせ始めたのだ。

いわば、**米中貿易戦争もまた天安門事件から続く中国共産党の専制問題の〝変奏曲〟**とも言える。そして、この対立は中国共産党を打倒するところまでは発展しないかもしれないが、それでも、中国の専制政治のきわめて深いところにかかわっている、非常に根の深い問題なのである。

まずは米中貿易戦争の経緯を見ていこう。

２０１６年の米大統領選挙において、トランプは対中貿易での巨大赤字をやり玉に挙げ、この問題を解消することを約束していた。就任後に米中の折衝が始まり、２０１７年４月に行われた米中首脳会議では、「米中包括経済対話メカニズム」の立ち上げで合意。貿易赤字解消のための「１００日計画」が合意された。

だが結局、具体的なアクションは何も起こされなかった。結果、**２０１７年の米中貿易では、中国が３７５７億ドル（約41兆円）という史上最大の貿易黒字を記録**。最初は勇ましかったが、結局トランプは何もできないではないか。中国人の間では、こうしたあざけりの声すらあったという。

事態が急転したのは２０１８年3月だ。アメリカは中国の鉄鋼製品、アルミ製品に対して関税を引き上げると発表。中国もアメリカ製品に対する報復関税を発表したが、アメリカはその後も関税引き上げの範囲を拡大していく。4月には中国通信機器大手のＺＴＥ（中興通訊）[1]がイランや北朝鮮への制裁措置に違反していたとして、アメリカ企業に対しＺＴＥとの取引を禁じた。

ＺＴＥ製品の中核部品は、アメリカの半導体でありソフトウェアだ。アメリカ企業との

1. **ZTE（中興通訊）** 1985年創業。広東省深圳市に本拠を置く通信機器メーカー。携帯電話基地局設備ではファーウェイと並ぶ中国の二大企業である。2016年以降、米国の法律に違反し、北朝鮮やイランに通信機器を販売していた問題で処罰された。

取引がなければ、ZTEは何もつくることができない。こうして、中国第二の通信機器メーカーは破綻寸前にまで追いやられた。7月に制裁が解除されたが、もし当初の予定通り7年間の制裁が続けば破綻は必至だった。

続く8月に成立した「2019年国防権限法」では、「特定のテレコミュニケーション及びビデオ監視サービスまたは機器に関する禁止」という項目が盛り込まれ、中国の通信機器メーカーである**ファーウェイ（華為技術）[2]とZTE、監視カメラ大手のハイクビジョン（海康威視数字技術）[3]、ダーファ・テクノロジー（大華技術）[4]、ハイテラ（海能達）[5]が名指しされ、米官公庁及び米官公庁と取引がある企業は、これらの製品を使用してはならないと規定された。**この動きはアメリカ国外に拡大。日本のソフトバンクがファーウェイ製携帯基地局の排除を表明したのも、この流れによるものだ。

さらに10月には、ペンス副大統領が演説で中国をかつてないほど激しく批判。技術の強制移転、知的財産権の侵害などをやり玉に挙げ、中国が不公正な貿易慣行を改めない限り、アメリカは制裁を続けると豪語した。

しかも経済問題ではなく、100万人以上ものウイグル族を研修名目で監禁し、愛国教育を行うなど、少数民族の弾圧や台湾への圧力なども問題視。経済、政治、人権、社会と全方面的に中国の問題を追及する姿勢を見せた。東シナ海における「航行の自由作戦」も

2. ファーウェイ（華為技術） 1987年創業。広東省深圳市に本拠を置く通信機器メーカー。携帯電話基地局設備で世界2位、携帯電話で世界3位の規模を誇る、中国を代表する大企業。

3. ハイクビジョン（海康威視数字技術） 2001年創業。浙江省杭州市に本拠を置く世界最大の監視カメラ製造メーカー。新疆ウイグル自治区など中国少数民族弾圧にも加担しているとして、アメリカ政府は制裁を検討している。

積極的に展開して、中国に圧力をかけているほか、「2018年国防権限法」には**米軍艦艇の台湾寄港についても検討**することが盛り込まれている。

12月には中国ナンバーワンの通信機器メーカー、ファーウェイの創業者である任正非《レンジェンフェイ》[6]の娘、孟晩舟《モンワンジョウ》[7]がカナダで逮捕された。アメリカの申し入れに基づくもので、アメリカの対イラン制裁に違反した容疑がかけられている。また次世代通信規格「5G」の携帯電話基地局について、ファーウェイ製品を導入しないよう、アメリカは自国のみならず、同盟国にも広く呼びかけている。

そして、2018年末から小康状態ともいうべき、米中の〝腹の探り合い〟が続いているというのが現状だ。

貿易戦争やむなしで一致した共和党と民主党

これが原稿執筆時点での米中貿易戦争の概要である。日本では貿易戦争について、トランプ大統領の選挙対策、アメリカファーストの現れという見方が強いと聞いているが、それは大きな間違いだ。**もしトランプが大統領でなかったとしても、やはり貿易戦争は勃発していた**だろう。

4. ダーファ・テクノロジー（大華技術）　2001年創業。浙江省杭州市に本拠を置く世界第2位の監視カメラメーカー。
5. ハイテラ（海能達）　1993年創業。広東省深圳市に本拠を置く通信機メーカー。中国警察のデジタル通信システムの主要サプライヤー。

1978年の米中国交正常化から40年が過ぎた今、アメリカ政界及びアメリカ国民は、対中政策が根本的に間違っていたことを認識している。間違った政策を正しい道に戻す。その際に生じた摩擦こそが貿易戦争の正体なのだ。、対立は長期にわたって続くことになるだろう。

中国も、すでにこの点を認識している習近平の右腕、王岐山が米中貿易戦争の実情を理解しようと思い、知人のアメリカ人に聞いたという。

「トランプの誕生は偶然なのか？　それとも必然なのか？」

答えは

「偶然に見えるが、必然だ」

というものだった。

構造的な対立というのは、米政界をウォッチすればすぐにわかることだ。**共和党と民主党は、いわずと知れたアメリカの二大政党だが、あらゆる政策で対立している両党が唯一合意しているのが中国と戦うこと**である。「貿易戦争やむなし」は両党の統一見解なのだ。

今年、2019年は米中国交正常化40周年という記念の年であるため、それに向けて中国ではさまざまなイベントが開かれるなど、何とか祝賀ムードを盛り上げようとしてきた。中国からすれば、この40年はまさに〝成長期〟であり、その土台となったのが良好な米中

6. 任正非（Ren Zhengfei）　1944年生まれ。貴州省出身。大学卒業後、人民解放軍に所属。軍の人員削減に伴い除隊し、広東省深圳市の国有企業に配属されたが辞職。人民解放軍時代の知人とともに通信機器メーカーのファーウェイを1988年に創業。

関係だ。何とか今後もそれを維持し続けたいのだから、節目の年を盛り上げたいと思うのは当然だろう。

ところが、アメリカは冷淡な対応をとってきた。中国からのイベントの呼びかけに政府が呼応しないどころか、メディアですらほとんど取り上げることはない。それはつまり、世論が米中友好に無関心だからだ。今、求められているのは中国の不公正を正すことだと、アメリカ国民の意見は一致している。

では、なぜアメリカは、これほどまでに米中関係に冷淡になったのか。結局のところ、**40年間にわたる米中の歴史における得失を計算したところ、メリットを得たのは中国ばかり。アメリカは失うものしかなかったことが、明らかになった**ためだ。

経済関係では中国は安い労働力を武器に輸出攻勢をかけ、アメリカは巨額の貿易赤字に苦しむこととなった。中国企業にとってアメリカ市場は開かれているが、アメリカ企業が中国市場に参入しようとしても、さまざまな障壁に邪魔されて妨害される。さらに中国はスパイやサイバー攻撃を駆使して、アメリカから技術を盗み、いまでは一部の分野でアメリカに匹敵しようかという成長を見せている。

民主主義国家であるアメリカでは十分な証拠がなければ、スパイを捕まえることができない。それをいいことに好き放題、商業スパイ活動を展開したのだ。**民主主義の抜け穴を**

7. 孟晩舟（Meng Wanzhou） 1972〜。華中理工大学（現・華中科技大学）で修士号取得。ファーウェイの創設者、任正非の娘で同社の副会長、最高財務責任者を務める。2018年12月1日、アメリカの要請で対イラン経済制裁に違反した容疑でカナダ当局により逮捕される。

突いた、と言ってもいいだろう。

札束目当てでスパイ活動の片棒を担ぐ留学生と学者たち

本来ならば、米中両国の絆を深めるはずの留学生も、米中対立の問題点となっている。中国では帰国した留学生を「海亀派」と呼ぶ。「海亀」と「海帰」（海外留学・就労後、帰国した人のこと）は、いずれも「ハイグイ」と発音する。つまり、一種のダジャレだ。かつては、ひとたび海外に出た留学生は、ほとんど戻ってくることはなかった。そればかりか、研修名目で海外に出張した研究者すら、多くがそのまま海外に住み着いたのだ。給料が安く、権利も与えられない中国に帰りたくないのはよく理解できる。

ところが、その状況が最近変わりつつある。海亀派は増える一方で、中国で起業し大成功した経営者も多い。これも中国成長の証しと見なされている。

確かに現在の中国はカネ余りの状況で、才能と技術を持った人物が起業するには適した環境だろう。とりわけ大都市圏では所得水準も上がったため、帰国という選択肢も選びやすくなった。

だが、海亀派の増加はそれだけが原因ではない。中国政府は自国の威信をかけて、そして海外のノウハウや技術を吸収するために莫大な資金を投じて、海外の留学生や研究者を帰国するよう促しているのだ。2008年に始まった「千人計画」が代表例だ。千人計画とは、海外の優秀な人材を獲得するプロジェクトで、**中央政府からひとり当たり100万元（約1700万円）の資金が与えられるほか、住宅手当や交通費などさまざまな優遇措置が認められている。さらに、海外で働いていたときと同等か、それ以上の賃金が保障されている。**

大学の運営には多額の税金が使われている。それでも他国の学生を受け入れるのは、お互い学生を受け入れ合うという相互主義があるためだ。ところが、**中国は他国の金で中国人学生を育て上げ、一人前になった頃に呼び戻そうとしている**のだから、冷たい目で見られても仕方がない。

しかも、ただ単に留学生や研究者を呼び戻すだけではない。帰国するにあたっては、**機密資料など一切合切を持ち帰ることを奨励している**という。留学生や研究者までもが、スパイの片棒を担がされているわけだ。

海外から最も早い時期に帰国し、そして最も有名な研究者が楊振寧《ヤンジェンニン》[8]だ。1957年のノーベル物理学賞受賞者である。

楊は1922年生まれで、1945年にアメリカに留学した。当時は中華民国籍だった。

8．楊振寧（Yang Zhenning） 1922〜。物理学者。出生時は中華民国籍。45年、渡米しシカゴ大学に留学後、プリンストン高等研究所、ニューヨーク州立大学教授を歴任。57年、素粒子研究で中華系として初のノーベル物理学賞受賞。64年にアメリカの市民権を獲得するも、2004年中国に移住。同年53歳年下の女性と再婚。15年中華人民共和国籍取得。

日中戦争を経験した世代だが、優秀なエリートとして身を守られ、戦火におびえることもなく、留学までさせてもらえたわけだ。

アメリカですばらしい教育を受け、ノーベル賞まで取ることができた。豊かな生活も享受できた。おまけにアメリカ国籍までもらった。そんな優秀な人材を獲得しようと、中国政府は楊の両親に息子を説得するよう要請。父親は「新中国のために働いてほしい」と政府の指示どおりに説得したが、母親は

「中国の何がいいのかわからない。豆腐を買うのにも何時間も行列しなければならないし、ようやく手に入った豆腐は崩れている」

とグチをこぼす。それを聞いた楊は、アメリカに残ることを決めたのだ。

ところが中国が豊かになると、楊は心変わりする。定年を迎えたロートルの楊は、帰国すればまるで貴族のように歓待すると提案されたのだ。楊は中国に帰国、アメリカ国籍を捨てて、中華人民共和国の国籍を取得した。

また82歳のときに、28歳の中国人女性と再婚までしている。**中国共産党が楊のために女性をあてがったことは想像に難くない。**53年間連れ添った妻が病没して、わずか1年後のことだった。

あまりにも無定見な、私利私欲に走っただけの人生ではないか。楊の帰国は、まさに海

亀派の典型例だ。**中国がすばらしい国になったから、海亀たちは帰国しているのではない。札束に頬を引っぱたかれて、己を失っているだけ**なのだ。

「損して得取れ」が通用しなかったアメリカの甘さ

40年前、アメリカが中国との国交を正常化したのには、ふたつの理由がある。第一に旧ソ連との対抗。そしてもうひとつは、「関与政策」（エンゲージメント・ポリシー）を通じて中国の政治、社会の転換を促すためだ。

中国が経済成長を遂げ、中産階級が誕生し、司法制度が整備され……と改革が進んでいけば、政治体制も変化していく。そうしたロジックからアメリカのほうは損が多く、中国が得をする状態が続く関係が支持されてきたのだ。

まさに**「損して得取れ」**ということである。だが、実際はどうだったか。中国経済は豊かになったが、中国国民の政治的自由は奪われたまま。そして、海外から技術を盗み出すような無法行為も激しさを増すばかり。得を取るどころか、損ばかりがかさんでいる。

中国は、いまや世界第二のＧＤＰを誇る経済大国だ。そればかりか、アメリカを追い抜かんとする勢いまで見せている。

中国政府が発表する年間予算に、「公共安全支出」なる項目がある。**「公共安全」とはすばらしいお題目だが、その内実は武装警察や警察に関する諸費用、つまりは治安維持費**である。この総額が2019年度には、1兆3879億元（約22兆9000億円）にまで膨れ上がった。国防費とほぼ同額で、2011年から2013年にかけては国防費を上回っていたほどだ。**外敵以上に人民の反乱を恐れているのが中国**だが、この巨大な治安維持費によって14億人をコントロールしている。

さらに対外的にも強圧的な外交を展開している。東シナ海、南シナ海、インドとの国境問題で、中国が見せた強硬姿勢を思い出せばすぐ理解できるだろう。核兵器を筆頭に強大な武力で威圧するとともに、何かといえばすぐに経済的制裁を行う。

高高度防衛ミサイル（THAAD）配備問題後に、韓国は中国市場から閉め出され、大きな痛手を負っている。しかも、韓国企業が打撃を被ったばかりか、雇われていた多くの中国人も仕事を失ってしまった。もっとも、中国政府はそんなことにもおかまいなしだ。中国経済にも悪影響が出ているはずだが、カネは持っているといわんばかりに傲慢な制裁を続けたのである。

また、1989年にチベット亡命政府のダライ・ラマ14世がノーベル平和賞を受賞すると、その報復として平和賞を授与したノルウェーに対し、経済制裁を行った。その結果、中国人が大好きなノルウェーサーモンが市場から一掃されてしまったのだが……。

ちなみに、**「ダライ・ラマ効果」**という言葉があるのをご存じだろうか。ある経済学者の研究によると、**一国の元首がダライ・ラマと会見すると、その後2年間にわたり中国との経済関係が低迷する**ことが統計的に立証されている。中国政府は表だって制裁しているなどとは言わないが、さまざまな場面で経済力を振りかざして、他国の批判を封じようとしているのだ。

逆に中国に従うのならば、多額の投資を行い、輸入も積極的に行う。英仏独の首脳が、かいがいしく中国を訪問するのもこのためだ。

軍事的脅迫と経済制裁、硬軟織り交ぜた手法を併用することによって、中国は国際社会の批判を封じたのである。

19世紀中頃、アヘン戦争[9]に敗北した清朝では、海外の技術を学ぼうとする「洋務運動」が行われた。そのスローガンが**「師夷長技以制夷」**[10]（夷《い》の長技《ちょうぎ》を師とし以《もっ》て夷を制す）、要するに「外国の優れた技術を学んで、外国を制圧する」ということだ。

清朝は、この目的を実現することはできなかったが、中国共産党が今、この戦略を成功させている。中国市場には将来性があるとして、海外の資金と技術を招き入れて成長し、

9. アヘン戦争　清へのアヘン密輸販売で巨利を得ていたイギリスと、アヘンを禁止していた清の間で1840年から2年間にわたり行われた戦争。これに敗れた清はイギリスに香港を割譲した。

10. 師夷長技以制夷　清朝の思想家、魏源が主張した維新、西洋化を訴える理念のこと。『海国図志』に登場する。

そうやって育て上げた経済力をもって、国際社会を脅迫しているのだ。

清朝が目指した「師夷長技以制夷」は、中国共産党によって初めて実現した。となると、今の中国は滅亡した清朝の復活ともいえるのかもしれない。清朝は、満州族による征服王朝だ。漢民族は支配下に置かれていた。そして中国共産党も、ある意味では征服王朝の性格を備えている。マルクス主義、そしてソ連由来の社会主義という「外来の精神と観念」を基盤にした政権だからだ。

巨大な経済力を背景に、国内外でほしいままに振る舞う中国。アメリカにしてみれば、これをこのまま見過ごすわけにはいかない。**関与政策を間違いと認め、強い姿勢で中国に迫る。これがアメリカ与野党の一致した姿勢**なのだ。

もし、いま制裁しなければ、中国の技術盗用モデルは世界の秩序を乱し続ける。特許というシステムは、西洋文明のもたらした偉大な成果だ。それを無視する中国が勝利したならば、他の国もあとに続く。だから今、叩いておかなければならないのだ。

狼を助けた〝愚か者〟にもまだチャンスはある

つまり、中国共産党が「師夷長技以制夷」という狡猾な手法をとっていることを、西側諸国はよく学ばなければならないということとなる。**今、中国がこれほどまでの発展を遂げたのは、日本やアメリカをはじめとする西側諸国が支援したため**だ。実際、2016年、大統領選中のトランプ大統領は、アメリカの資金で中国は再建されたと言及した。

いや、アメリカだけではない。中国自らがこの事実を認めている。2008年、胡錦濤総書記は
「日本の政府開発援助（ODA）がなければ今の中国はなかった」

と発言しているのだ。

西側諸国の資金と技術が中国経済を発展させた。これは事実だ。中国は1980年代から急激な経済成長が始まったが、同じく改革に取り組んだ社会主義国のソ連は発展できずに苦しんだ。この差は海外からの支援があったかどうかの違いだ。

中国は、台湾と香港を改革の窓口と位置づけていた。台湾は中華民国政権の支配下にあり、香港はイギリスの植民地だったため、西側諸国からの資金が集まりやすい効果があった。そして集まったカネは、華人のネットワークを通じて中国に投資されたのだ。このように、改革開放政策における最初の外資導入は、香港と台湾を通じて行われ、その後、日本のODAとアメリカの投資が続いたのである。

中国の発展において、日本とアメリカ、香港、台湾が果たした役割はとてつもなく大き

い。中国は返しきれないほどの恩を受けたはずだが、今では逆に香港の法治を踏みにじり、台湾を脅迫し、日本と対立し、アメリカの地位に挑戦しようとしている。肥大化した中国が、今や西側諸国を圧倒しつつあるのだ。西側諸国は早晩、かつての支援を後悔することになるだろう（すでにそうかもしれないが……）。

なぜ中国は、平気で恩を仇で返すのだろうか。中国人の感覚からすると、実は「師夷長技以制夷」は〝恩知らず〟ではない。むしろ〝聡明なやり方〟となる。

恩に関する中国人の感覚を知るのに絶好の寓話がある。13世紀に書かれた「東郭先生《とうかくせんじょう》と狼[11]」という寓話だ。

あるところに、勉強ばかりで融通がきかない東郭先生という書生がいた。仕官を求めて旅をしていたときのことだ。不意に傷を負った狼が現れた。

「先生、私は今猟師に追われています。傷を負って死にかけているのです。どうか、あなた様が持っている袋に入れてかくまってもらえないでしょうか。このご恩は必ずやお返しします」

と狼は言う。狼は害獣ではあるが、あまりにもあわれだと東郭先生は願いを聞いてやった。

11. 東郭先生と狼　中国の昔話。13世紀、明代の馬中錫が著した『東田伝』に登場する。

しばらくすると、狼を追う猟師がやってきた。「狼を見ませんでしたか？」と聞く猟師に、東郭先生は「見なかったよ。ここには来なかったのではないか」と返す。猟師は別の場所を探しに行ってしまった。

猟師がいなくなると、東郭先生は狼を袋から出してやった。すると狼は「先生は私の命を助けてくださいました。ではもうひとつ、私のために善事をしてやってはくれませんか。今、お腹がペコペコなのです。私の食事になってください」

と言うや否や、東郭先生に襲いかかった。

東郭先生は「何たる恩知らず！　恩を仇で返すなんて」と叫びながら、慌てて逃げ出したのだった。

この「東郭先生と狼」は中国では有名な寓話だ。日本では、困っている人を助けるのはすばらしい善行だと教えられているだろう。だが、中国では異なる。狼のような悪を助けるのは分別のない行為であり、愚か者のすること。逆に言うならば、自らの本性を隠して愚か者を騙して、助けを得るのは賢明な行為ということなのだ。

つまり、**中国という狼を助けて、今、食べられようとしている日本、アメリカ、香港、台湾は中国人の価値観からすると、単なる愚か者**にすぎない。

これだけだとあまりに身も蓋もないが、「東郭先生と狼」にはまだ続きがある。

東郭先生が今にも食べられてしまいそうになったそのとき、ひとりの農民が通りかかった。東郭先生は農民を呼び止め、事情を話した。ところが狼は、「先生に助けられたことなどない」と否定する。

黙って話を聞いていた農民は
「ふたりの言葉はどちらも信じられません。こんな大きな狼がこんな小さな袋に入っていたなんて。確かめたいので、もう一度袋に入ってもらえませんか」

と言う。狼は同意し、先ほどと同じように袋のなかに潜り込んだ。

すると、農民は袋の口を堅く縛り、

「獣は本性を変えることなどないのです。狼をあわれと思うなんて、あなたはバカなことをしましたね」

と言いながら、持っていた鋤を振り下ろして狼を殴り殺した。

ようやく自らの過ちを悟った東郭先生は、農民に感謝したのだった。

この寓話と同じく、日本とアメリカには、まだ中国という〝狼〟を退治するチャンスがあるはずだ。狼を助けたのは間違いだと自覚し、悪い獣をやっつける知恵を見つけ出さなければならない。

ただ本来ならば、もっと早い段階で中国に立ち向かうべきだった。２０００年の世界貿易機関（ＷＴＯ）加盟が、まず最大のチャンスだった。中国は世界との自由貿易を心底望んでいたため、多くの条件を受け入れる用意があったのだ。

だが、国際社会は中国の口約束を信じ、本当に約束が履行されたかどうかを確認するメカニズムを用意しなかった。約束通り市場を開放しないのならば、ただちにＷＴＯから放り出す。そうした強気の姿勢が必要だったのだが……。

それからオバマ元大統領。彼はアジア回帰を打ち出し、中国と立ち向かおうとしたが、結局のところアフガニスタンとイラクの問題に足を取られ、アジアに力を注ぐことはできなかった。結果、中国に圧力をかけようとしても、口約束ですぐにごまかされる始末……。

だが、「亡羊補牢《ワンヤンブーラオ》、猶未為晩《ヨウウェイウェイワン》」（狼に羊を食われてから檻の修理をしたとしても、遅すぎるということはない）という言葉もある。失敗は失敗として認め、いまからでも正しい道に戻ろうという姿勢が重要だ。

こうしてアメリカは、中国に対し厳しい態度を見せるようになったわけだが、当初、中国政府はアメリカの方針転換を理解していなかった節がある。いつもどおり、その場しのぎのごまかしで何とかなるだろう。貿易戦争によって世界経済に混乱が生じれば、民主主義国家のアメリカは折れざるを得ないだろう、と。なにせ**経済が停滞して国民が困れば、アメリカでは大事件だが、中国政府は意に介しない。独裁国家の強み**というわけだ。

だが、いまやアメリカ国民も大半は中国との対抗を支持している。中国からの輸入品に関税をかければ物価は上がる。チャイナマネーが入ってこなくなれば、経済活動に打撃を受ける。もちろんこうした問題はある。だが、これらの問題はいずれも短期的なものだ。

もし、このまま中国を野放しにしておけば、独裁国家がアメリカを追い抜くという人類史的悲劇が起きかねない。こうした危機感が国民にも共有されているのだ。またアメリカのシンクタンクの試算によると、中国製品に関税をかけたダメージは短期的にはあったとしても、長期的には中国以外の国が代替製品を輸出するようになるため、大きな打撃にはならないと予測している。

逆に**中国は経済が低迷期に入ろうとしている最中で、米中貿易戦争が始まったということが重要**だ。いわば「泣きっ面にハチ」状態である。国内経済低迷の手当てをしつつ、アメリカとの貿易戦争に勝つのはかなり難しいだろう。中国共産党も、ようやく事態の深刻さを理解しつつあるわけだ。

誰も望まない〝妥協〟という複雑な連立方程式の答え

２０１８年12月1日、アルゼンチンの首都、ブエノスアイレスで米中首脳会談が開催された。そこでいったん結ばれたのが、3月まで新たな関税の追加をとりやめるという、いわば〝休戦協定〟だ。この間に、何らかの合意ができるかが鍵となる。原稿執筆時点では期限が延長されて、さらに話し合いが続いている。

一部メディアでは合意間近などという報道もあるが、私にはとても信じられない。というのもアメリカが突きつけている要求のうち、貿易赤字の回避については中国も飲めるだろうが、その他の項目については受け入れがたいものだからだ。

すなわち、**中国企業に対する「ハイテク企業支援」や「先進技術開発支援」を名目とした補助金の大幅な減額。あるいは知的所有権の保護の徹底。加えて中国による是正措置を監視し、契約が履行されなければアメリカはただちに制裁関税を導入するという項目**等々である。

中国政府はカネを持っている。なので、アメリカの食品や機械製品を購入して赤字を減らすことならば、すぐにでも合意できる。しかし、中国企業が成長する源泉となっている不正な補助金や技術盗用については、とりやめることなど到底できない。

この部分で白旗を上げれば、中国の成長は一気に止まってしまうことを中国共産党はよく理解している。**アメリカは泥棒をやめろと言っているわけだが、中国は泥棒をやめたら今の豊かな生活は続かない**。

中国の交渉戦術では引き延ばしが常套手段だ。これでオバマ元大統領はコロッとだまされた。サイバー攻撃問題については、オバマ時代にも大きな課題になっていたが、中国政府は対処を約束しつつも結局、何もしないという遅延戦術で乗りきってきた。今回の米中交渉では、契約履行の監視を盛り込めるかどうかが鍵となっている。中国にとっては、どうしても飲みたくない条件だ。

アメリカは、これまで中国にさんざんやられてきた。相手の手札はよくわかっている。だが、不安がないわけではない。ひとつは民主主義のコストだ。当然のことながら、トランプ政権は何も中国問題だけに取り組んでいるわけではない。ロシア疑惑の追及は終わりを見せそうだが、メキシコ国境の壁建設を含めた移民問題があり、北朝鮮の核廃棄、体制転換があり、そして、なにより次期大統領選挙も迫っている。

こうした複雑な連立方程式を解くなかで、中国問題の優先順位が下がれば、成果を引き出す前に妥協する可能性もゼロではない。いまこそ中国を変える最大のチャンスだけに、こうした結果に終わることは誰も望んでいないだろうが、こればかりは未来を見通すことが難しい。

中国は共産党の独裁政権なので、すべての力を集めて対米交渉に向かうことができる。しかも、アメリカは野党や国民の同意が必要だが、中国は高官の鶴の一声ですべてが決められる。**民主主義はすばらしい制度だが、当然、弱点もある。中国は、常にそのスキを突いてくる**のだ。

最悪のシナリオとなるペンス副大統領の〝昇格〟

繰り返すが、中国はすでに世界第二の経済大国である。「一帯一路《イーダイイールー》」や「アジアインフラ投資銀行」（ＡＩＩＢ）に多くの国が参加しているように、その権勢にひれ伏す国も多い。すでに「Ｇ２時代」、すなわちアメリカと中国という二大超大国が併存する時代が到来したと説く論者もいるほどだ。

となると、アメリカはいまから中国との貿易戦争に勝てるのかという疑問が浮かぶのは当然だろう。だが、私は断言する。

「中国は絶対にアメリカには勝てない」と。

理由はいくつかあるが、第一に中国が専制国家という点だ。チャイナマネー欲しさに多くの国がなびいているように見えるが、心の底から中国を支持している国などない。中国のイデオロギーに普遍性はなく、その経済政策も自国優先主義だ。

アメリカはトランプがいかに「アメリカファースト」と唱えようと、第2次世界大戦後の世界の経済秩序を守ってきたという実績があり、自由主義と民主主義の擁護者という信頼がある。もし、**米中が本当に争うようなことになれば、ロシアですらアメリカの側につく**だろう。

また、ZTEが制裁によって破綻寸前に追い込まれたように、中国製品はいまだに多くをアメリカや日本などの先進国に頼っている。パソコンやスマートフォンは中国製品ばかりとなったため、あたかも中国が圧倒しているかに見えるが、最も重要な部品である半導体は、インテルやクアルコムなどの米企業が設計し、台湾企業が製造している。

カメラでも、コア部品のイメージセンサーはソニーが世界トップの技術力を持つ。OS（オペレーティングシステム）にいたっては、ウインドウズにせよ、アンドロイドにせよ、アメリカ企業の力を抜きにしては、何ひとつ起動させられない。

さらに、もし貿易戦争が中国からの外資撤退に発展すれば、致命的な事態となる。今、中国の経済力は旺盛に見えるが、そのなかには中国で活動する外資系企業の経済力も含まれている。

外資系企業の資本、技術力を失えば、ただでさえ低迷しつつある中国経済は大打撃を受ける。外資系企業の工場が撤退すれば、発生する失業者の数がどれほどに上るのか、予想もつかない。外資系に部品などを提供するサプライヤーも含めた裾野までが、壊滅状態に陥るだろう。

これでわかるように、対立が最終段階にまで達せば、勝利するのは間違いなくアメリカだ。もちろん前述のとおり、他の偶発的な要因、たとえば、万が一ロシア疑惑など個人的な問題が再燃しトランプが弾劾され、中国問題が棚上げにされるというようなことになる可能性はゼロではない。

ただし与野党一体となって対中強硬姿勢をとっている以上、トランプが倒れたとしても次の大統領も同様のスタンスを選ぶだろう。**中国にとって最悪のシナリオはトランプが何らかの疑惑等によって任期途中で退任し、ペンス副大統領が昇格する**ことだ。何せペンスはトランプ以上の強硬派なのだから。

アメリカの力で実現した中国の週休2日制

今、私が想定する貿易戦争の今後のシナリオは次のようなものだ。

中国共産党は一党専制の支配体制を変えることはできないが、逆にいえば体制維持のためには何でもやる。アメリカに屈服しなければならないと観念すれば、受け入れるしかないだろう。その場合でも、国内向けには勝利したとプロパガンダを行う材料を欲しがる。

つまり、**実より名を取る**わけだ。

対米外交では当初、習近平のブレーンである王滬寧が主導権を握っていた。彼はゴリゴリの社会主義信奉者で思想面のイデオローグだ。事実、勇ましくアメリカと戦い抜くことを主張していた。

しかし、アメリカの本気の姿勢を前に、王滬寧的な意見は今や少数派となっている。**代わりに存在感を増しているのが、習近平の右腕である王岐山の路線**だ。王岐山は実務派官僚だ。譲歩もやむを得ないと見て、そのなかで最大限、中国共産党の権益を守ることを画策している。

こうした合意がいつ実現するかを予測することは難しいが、**2019年の間には何らか**

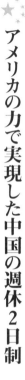

の合意に達するはずだ。中国は一度合意に達したあとも、何とか時間を引き延ばそうとし、契約をご破算にしようとするだろうが、アメリカはその動きを牽制し、問題があれば即座に関税を引き上げるなどの強硬姿勢をとるだろう。厳しい態度を崩さなければ、アメリカは勝つことになる。

貿易戦争でアメリカが勝利したならば、実はそれは結果として中国人民の幸福にもつながる。もちろん、アメリカに怒っている人は多い。いわゆるナショナリストたちだ。中国共産党のプロパガンダに踊らされ、自分たちの政治的権利を守ってくれない中国共産党を盲目的に支持している哀れな連中は、「アメリカなにするものぞ」と怪気炎を上げている。

今や、中国共産党の主要な支持者は下層階級だ。彼らは何も知らないから、党を支持するのだ。

「中国の下層は永遠に義和団[12]、支配階級は永遠に西太后だ。下層は永遠に紅衛兵、支配者は永遠に毛沢東だ」

というジョークもある。

だが、**知識人や中産層、企業家は米中貿易戦争の本質を見抜いている。彼らの本音はトランプ支持**だろう。もしアメリカの要求を受け入れて、外資系企業が中国に自由に進出できるようになれば、中国国民にはいままで以上にすばらしいサービスが提供されるように

12. 義和団　19世紀末、山東省で生まれた排外主義を掲げる秘密結社。のちに、清朝を助け西洋を打ち滅ぼすという「扶清滅洋（ふしんめつよう）」をスローガンに、勢力を拡大し、1900年6月、20万人の義和団が北京に入城。西太后も支持し、欧米諸国に宣戦布告するが、間もなく敗北。これを義和団の乱と呼ぶ。

なる。国民にとっては福音だ。もちろん中国共産党と結託し、貿易障壁を使って儲けている企業家たちは、現体制が維持されることを望んでいるだろうが……。

ある中国人の若者が

「アメリカの言うことを聞いて、何かいいことがあるのでしょうか？　帝国主義とは戦うべきでしょ！」

と憤っていた。そこで私は彼にこう諭した。

「今、中国人民が週休2日という健康的な制度を享受できているのは、なぜか知っているかね？　**WTO加盟にあたり、アメリカが圧力をかけたため、中国共産党はしぶしぶ週休2日制を認めた**のだ。もしアメリカの力がなければ、中国人は今でも週休1日で働き続けていただろう」

卑近な話だが、労働者の休息の権利すらもアメリカの力によってもたらされたものだったのだ。本来、労働者の権利を守ることこそ、社会主義の一丁目一番地のはずではなかったであろうか……。

本当は中国共産党こそが恐れているファーウェイの力

さて、ここまで米中貿易戦争の構造と今後の予測について分析してきた。関連して、ファーウェイ問題についても言及しておこう。中国ナンバーワンの通信機器メーカーであるファーウェイ、その創業者の娘である孟晩舟がカナダで逮捕された問題だ。

実はこの背景には、中国共産党内部の権力闘争がからんでいる。ファーウェイの創業者である任正非はもともと軍人で、軍の情報機関のリーダーだった。**ファーウェイは世界の電話会社に基地局設備を販売する一方で、さまざまな情報を収集するスパイの役割も果たしていた**。まさに危険な企業だ。

重要なのは、ファーウェイの通信機器は中国国内でも広く使われているという点だ。すなわち、**中国国内のさまざまな機密情報、中国共産党高官のプライバシーやスキャンダルまで含めて、ファーウェイはさまざまな情報を収集**している。中国共産党は飽くなき権力闘争を続けている組織だ。ライバルのスキャンダルをどうにかして手に入れようと、共産党幹部は日夜暗躍している。ファーウェイは、その手先だったわけだ。

つまり、**ファーウェイは世界にとっての脅威であるのと同時に、中国共産党にとっても**

危険な存在だということ。中国共産党幹部は自分の秘密を守るために苦心しているが、しかし携帯電話やインターネットを使わないわけにはいかない。どこの国のどの銀行に秘密口座があるのか、どのような別名義のパスポートを持っているか、子どもがひそかに外国籍を取得していないか、こうした高度な機密情報のすべてをファーウェイは知っている。

かつて、周永康《ジョウヨンカン》[13]という危険な人物がいたのを覚えているだろうか。周は胡錦濤政権時代に政法委書記を務めていた。警察を管轄する権力を駆使し、他の権力者の秘密を握り、それを影響力の源泉としていたのだ。権力者の私邸に盗聴器をしかけ、携帯電話を傍受し、プライベートな秘密を集める……。その後、総書記に就任したばかりの習近平によって汚職の罪を着せられて失脚したが、それというのも周の持つ力が危険すぎたためだった。

ファーウェイもこれと同じだ。**同社の次期トップを約束されていた孟晩舟は、こうした秘密をすべて知っていた。中国共産党の秘密を、スキャンダルを、そして中国による海外でのスパイ活動のすべてを。**

もし彼女が、こうした情報をすべて話してしまえば、大変な問題へと発展するだろう。だから中国は今、必死になって身柄を取り返そうとしている。カナダ人の死刑を執行する、貿易での制裁をちらつかせるなど、あらゆる手段を駆使しているのもそのためだ。

カナダが圧力に屈して孟を解放すればいいが、そうでなければ中国共産党は彼女を暗殺

13. 周永康（Zhou Yongkang） 1942〜。第17期中央政治局常務委員、公安部長、中央政法委員会書記などを歴任。2012年11月に解任後、消息不明。その後2015年6月、汚職により無期懲役刑が下された。

してでも秘密を守ろうとするだろう。カナダ政府もこのことはよくわかっている。現在、**孟はカナダの自宅で暮らしているが、24時間体制で警察が保護している。逃亡を防ぐためではない。暗殺されないようにとの配慮から**だ。

導火線に火をつけた習近平のおごり

米中貿易戦争は、中国国内の権力闘争にも影響を与えている。習近平の権威が揺らいでいるのだ。

習政権のピークは2018年の3月だった。習近平は念願の改憲を実現し、国家主席の任期制限を撤廃した。2期10年までというしばりがなくなったのだ。これで15年、20年、いや終身国家主席という道が開かれたことになる。

だが、この**改憲は評判が悪かった**。改革開放における政治分野での最大の功績は、トップの任期を定めたことにある。ひとりの人間が国家を私物化しないように、毛沢東が二度と出現しないように、たがをはめたのだ。そのたがを外してしまったのだから、中国が文化大革命時代の混乱に戻りかねないと不安に襲われた者も多かっただろう。

さらに、改憲に対する反発が強まったタイミングと、米中貿易戦争が始まったタイミングが重なってしまった。また、**アメリカがついに対中戦略を転換したのも、もとはと言えば習近平の失策が原因**だ。そもそも鄧小平は、「韜光養晦《タオグワンヤンフイ》、有所作為《ヨウスオズオウェイ》」（才を隠して力を蓄え、できることだけをなせ）を外交指針としていた。海外で覇を唱えれば、それだけ反発を受けることを理解していたのだろう。

それが、胡錦濤時代に「韜光養晦」は堅持するものの、「有所作為」は「積極有所作為《ジージーヨウスオズオウェイ》」と改められたのだ。これは鄧小平路線からの転換を図り、外交的にもより積極的に国際問題に関与するというもの。ここから国際社会において、経済力に見合ったプレゼンスを示す方向へと舵を切ったのだ。

さらに習近平は、ＡＩＩＢや一帯一路など大々的な外交政策を打ち出し、既存の国際秩序に挑戦している。南シナ海、東シナ海でも覇権主義をむき出しにした。こうした外交姿勢がアメリカの強硬姿勢を招いた原因であり、つまるところ**習近平のおごり、失策ではないかとの批判が強まっている**。

実際、２０１８年４月以降、習近平はかつての勢いをなくしている。売り物だった反汚職運動でも、高官が失脚するような事態は見られなくなった。習近平の個人崇拝を強めるような動きも弱められた。これが習近平にとっての命取りとなるかまではまだ不明だが、少なくとも２０１２年以降の圧倒的な権威拡大を続けることは、今のままではできない。

習近平に不満を持つ勢力は、中国共産党内部に確実に存在する。現状では唯々諾々と従っているかに見えるが、ひとたび習が落ち目となればたちまち牙をむくはずだ。

日本は絶対にこの機を逃してはならない

最後に、ここまで見てきた米中貿易戦争が、日本にどのような影響をもたらすかについて考察を加えておこう。

まず、**この波乱状態は日本にとって大きなチャンス**であることを認識しておくべきだ。米中の摩擦が激化するなか、日本の存在感はますます高まっている。安全保障分野では、安倍晋三首相が提唱する「インド太平洋戦略」に、アメリカも全面的に協力する姿勢を示した。日米同盟が太平洋の要であるとして、アメリカは改めて日本の重要性を認識しているということだ。

一方で、**中国にとっても日本の重要性は高まった**。2018年の安倍首相訪中、2019年の習近平訪日と、トップ外交によって両国関係は深まっていくが、その背景にあるのも国際社会のパワーバランスの変化だ。米中関係が安定していれば、日本との関係を重視する必要はないが、アメリカとの対立が深まるなか、日本の存在は無視できないと中国は考えている。

事実、2018年の日中首脳会談では、アメリカとの関係改善の調停役になるよう、中国が日本に依頼したとも伝えられている。国際社会のバランサーとして、日本の役割が高まっていることの証しだろう。

また、**東南アジアやアフリカでのビジネスという点でも日本にとってはプラス**だ。これらの国々は中国のマネー外交の攻勢にさらされていたが、アメリカが厳しい目を向けている以上、中国一辺倒の外交を続けるわけにはいかない。となると、ほかの国にビジネスチャンスが回ってくることとなる。この機をつかむ最有力候補が日本だ。なぜなら、豊富な資金と強力な技術力は、途上国が求めてやまないものだからだ。

このように、米中貿易戦争は日本にとっても対岸の火事ではない。**中国を正道に帰らせ、不公正な貿易慣行を是正させることができれば、日本にとってのメリットも大きい**のだから。日本が持つ大きなポテンシャルを発揮するための絶好のチャンスが到来した、と考えるべきだろう。

私の本を待っていてくれる、多くの読者がいる国。そして私の妻の祖国でもある日本。「平成」から「令和」へと新たな時代に転換したこの日本という国が、このチャンスをつかんで飛躍することを確信している。

おわりに

再びやってきた「9」の年に起こり得ること

本書の冒頭で、西暦の末尾が「9」の年に、中国で多くの歴史的大事件が起きたことを取り上げた。実は、**この「9」の呪縛は1989年の天安門事件以後も続いている。**

1999年は、中国の世界貿易機関（WTO）加盟に関する日米との交渉が合意に達した年だ。天安門事件以後、国際社会からつまはじきにされていた中国が、一気に逆転するチャンスを勝ち取った。だが、ルールをきちんと守るという口約束に、国際社会が騙される結果となってしまう。今の米中貿易戦争のように、中国が本当に約束を守るのかを厳しく監視しながら、厳しい姿勢で市場開放を促していたならば、その後の歴史はまったく違っていただろうに。

WTO加盟後、経済成長を加速させた中国は次第に自信をつけ、野心を露わにしていく。

その**転機が2009年**だ。2008年の世界金融危機後、中国は4兆元（約66兆円）ともいわれる巨額の財政出動によって、他国に先駆けて景気回復を実現した。この野放図な対策は、のちに過剰債務という後遺症をもたらすのだが、当時の中国共産党はそんなことは露知らず、居丈高に振る舞っていた。「ついに、日米欧を追い抜くときが来たのだ」と。

第5章で説明したように鄧小平は、外交において力を見せるときは「有所作為」、すなわち「できることだけをなせ」という慎重姿勢を命じていた。

ところが**2009年、当時の胡錦濤総書記は「有所作為」を「積極有所作為《ジージーヨウスオズオウェイ》」と方針転換**した。「積極的に」という言葉をつけ加えただけだが、この言葉に込められた意味は大きい。これを機に、東シナ海における日本への圧力、南シナ海での人工島建設など、国際社会の批判を堂々と無視した強硬姿勢を露わにするように変わっていったのだ。

では、次の「9」の年である今年、2019年は何が起きるのだろうか。**第一に考えられるのは米中貿易戦争のさらなる激化、あるいは終焉**だ。もしアメリカの強硬姿勢に中国が完全に屈服すれば、中国国内の経済体制は大きな転換を迫られる。**海外企業の技術を盗み、巧妙な貿易障壁によって築き上げてきた「幻想の繁栄」が終わる**可能性がある。

反対に、広範な市場開放を認めれば、グーグル、フェイスブックなどの検索サイトや

SNSの中国参入が認められる可能性も出てくる。そうなれば真実の情報が中国に伝わり、中国共産党の統治を揺るがす要因ともなりかねない。

だが、これだけでは終わらない予感が私にはしている。具体的に何が起きるのかまでは予測できない。その予感の根拠となるのは、**中国共産党が力を蓄えすぎた**という点にある。そう、中国のいびつな繁栄は今、頂点に達している。頂点にあるときは、いつまでも栄光が続くかのように錯覚するが、その先にあるのは衰退だけだ。成功しすぎることはいいことではない。無理に積み上げた成功は必ず瓦解へとつながる。

本書で紹介してきた天安門事件とその余波は、現時点では残念ながら中国を変える力とはなり得ていない。だが、まったく別のところから、変化の胎動が始まっているのではないか。新たな力が、私たちの失敗を反面教師としてくみ取り、中国の改革と民主化を成功に導いてくれることを、私は強く信じている。

2019年5月　ニューヨークにて

陳破空

[略歴]
陳破空（ちん・はくう）
1963年、四川省三台県生まれ。湖南大学、同済大学に学ぶ。85年、胡耀邦総書記に政治改革を直訴し、翌年、上海での民主化組織の立ち上げに関与するなど、中国の民主化運動をリード。87年、広州の中山大学経済学部助教授。89年、天安門事件に呼応し、広州での民主化運動をリーダーとして主導。同年及び93年に投獄され、計4年半に及ぶ獄中生活を送る。96年、アメリカに亡命。その後、コロンビア大学大学院にて経済学修士号を取得。現在、政治評論家としてラジオ・テレビなど、さまざまなメディアで中国政治・経済・社会の分析を行う。著書に『習近平が中国共産党を殺す時』（石平との共著）『常識ではあり得ない中国の裏側』『カネとスパイとジャッキー・チェン』（以上、ビジネス社）の他、『赤い中国消滅』（扶桑社）、『赤い中国の黒い権力者たち』（幻冬舎）、『日米中アジア開戦』『米中激突』（ともに文藝春秋）などがある。

[訳]高口康太（たかぐち・こうた）
ジャーナリスト、翻訳家。1976年生まれ。千葉大学人文社会科学研究科（博士課程）単位取得退学。中国をフィールドの中心に『週刊東洋経済』『Wedge』『ニューズウィーク日本版』『日経ビジネスONLINE』などの雑誌・ウェブメディアに寄稿する他、独自の切り口から中国・新興国を論じるニュースサイト「KINBRICKS NOW」を運営。著書に『なぜ、習近平は激怒したのか――人気漫画家が亡命した理由』（祥伝社）、『現代中国経営者列伝』（星海社新書）、『中国S級B級論』（編著、さくら舎）など。

そして幻想の中国繁栄30年が終わる

2019年6月1日　　第1刷発行

著　者　陳 破空
訳　者　高口 康太
発行者　唐津 隆
発行所　株式会社ビジネス社
〒162-0805　東京都新宿区矢来町114番地 神楽坂高橋ビル5F
電話　03(5227)1602　FAX　03(5227)1603
http://www.business-sha.co.jp

〈カバーデザイン〉大谷昌稔
〈本文組版〉茂呂田剛（エムアンドケイ）
〈印刷・製本〉中央精版印刷株式会社
〈編集担当〉大森勇輝　〈営業担当〉山口健志

ISBN978-4-8284-2102-5